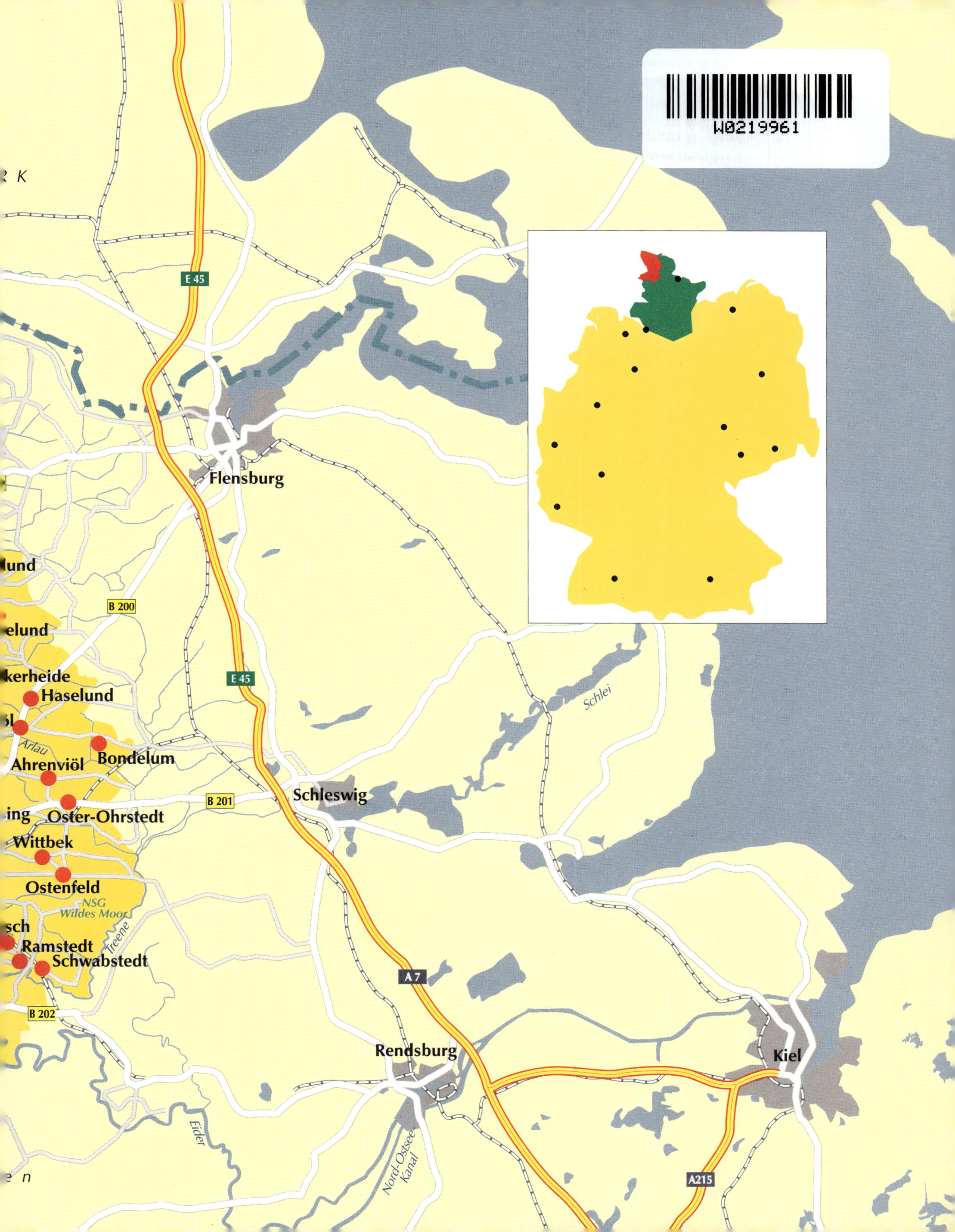

Flensburg
E 45
B 200
Haselund
Bondelum
Ahrenviöl
Arlau
Oster-Ohrstedt
B 201
Schleswig
Schlei
Wittbek
Ostenfeld
NSG
Wildes Moor
Treene
Ramstedt
Schwabstedt
B 202
A 7
Rendsburg
Kiel
A215
Eider
Nord-Ostsee-
Kanal

Kreis Nordfriesland

Werner Scharnweber

Kreis Nordfriesland

Reisebilder

Mit 295 Abbildungen

EDITION TEMMEN

Sofern keine andere Quelle angegeben ist,
stammen alle Aufnahmen von
Werner Scharnweber

Umschlagbild: Friesengiebel
Frontispiz: Kirchwarft auf Hallig Hooge

1. Auflage 2003

Hohenlohestr. 21 – 28209 Bremen
Tel. 0421-34843-0 – Fax 0421-348094
info@edition-temmen.de

Satz und Karte: L.P.G. Bremen
Herstellung: Edition Temmen

ISBN 3-86108-910-6

Inhalt

VORAB

KREUZ UND QUER DURCH DEN KREIS NORDFRIESLAND

ANHANG

VORAB

Zum Geleit

Nordfriesland liegt ganz oben in Deutschland, wo die Deiche unter einem hohen Himmel das flache Land vor der rauhen Nordsee schützen. Die Natur- und Kulturlandschaft Nordfrieslands beeindruckt durch ihren außergewöhnlichen Reichtum: Den Nationalpark Wattenmeer, die vielgestaltige Insel- und Halligwelt wie auch die Marsch- und Geestlandschaften des Festlands stellt Werner Scharnweber in dem hier vorliegenden Buch fachkundig vor.

Es gelingt ihm, den Zauber dieses einmaligen Fleckchens Erde einzufangen und den Leserinnen und Lesern nahezubringen: Auch der nicht ortskundige Leser wird schnell verstehen, was in jedem Jahr zahlreiche Menschen dazu bewegt, die schönsten Wochen des Jahres hier zu genießen: Viele verlieben sich im Urlaub in diese Region und kehren so oft wie möglich hierher zurück.

Ein Lesevergnügen wird das Buch jedoch nicht nur durch seinen Inhalt, sondern auch durch Werner Scharnwebers in bester journalistischer Tradition verwurzelte Formulierungskunst. Er verpackt umfassende Informationen in unterhaltsame, leicht lesbare Texte und untermalt sie mit eindrucksvollen Bildern. Sowohl seine Texte als auch seine Fotos zeigen einen scharfen Blick für die Details, auf die es ankommt. Aus der Fülle des Materials wählt er mit sicherer Hand dasjenige aus, das die Wirklichkeit am besten widerspiegelt.

Dabei beschränkt er sich nicht auf die Vermittlung von Kultur und Tradition, sondern zeigt auch die modernen Seiten des Kreises Nordfriesland: Aktive, erfolgreiche Unternehmen, nicht nur in der Landwirtschaft, sondern auch in Zukunftsbranchen wie der Windkraft, der Informationstechnologie und der Lebensmittelverarbeitung tragen wesentlich zur Lebendigkeit und Weltoffenheit dieser Region bei, die ihre geographische Nähe zu Skandinavien nutzt, um sich zur Drehscheibe der Wirtschaftsbeziehungen zu entwickeln.

Für dieses faszinierende Buch über den Kreis Nordfriesland danken wir Werner Scharnweber sehr herzlich. Den Leserinnen und Lesern wünschen wir viel Spaß bei der Lektüre und hoffen, daß sie die Gelegenheit finden werden, Nordfriesland auch in der Wirklichkeit zu besuchen. Es lohnt immer!

Husum, den 18.12.2002

gez. Helmut Wree
Kreispräsident

gez. Dr. Olaf Bastian
Landrat

Kreispräsident Helmut Wree

Landrat Dr. Olaf Bastian

Linke Seit3: Friesengiebel

So entstand der Kreis*

»Bis 1864 war die politische Geschichte Nordfrieslands eng mit der des Königreiches Dänemark und des Herzogtums Schleswig verbunden. Trotz vieler Dialekte bildete Nordfriesland eine kulturelle Einheit. (...) Nach der Einverleibung Schleswig-Holsteins in Preußen 1867 wurde die Verwaltung an der Westküste nördlich der Eider in die Kreise Eiderstedt, Husum und Tondern gegliedert. Nach dem ersten Weltkrieg, als die Volksabstimmung 1920 über Gebietszugehörigkeiten entschied, wurde Südtondern im Gegensatz zum nördlichen Tondern nicht Dänemark, sondern Schleswig-Holstein zuerkannt. Der dadurch entstandene Kreis Südtondern bildet seit 1970 zusammen mit den anderen ehemaligen Kreisen Husum und Eiderstedt den Kreis Nordfriesland.«

* Entnommen aus dem Infoheft »Kreis Nordfriesland – Zahlenspiegel 1999«, zur Verfügung gestellt von der Kreisverwaltung (Pressestelle).

Himmel über Nordfriesland – immer ausdrucksstark!

Nord-Fresland

»... ist diese Gegend, fernere Irrung zu verhüten, billiger (...) Nord-Fresland zu nennen, damit sie also von dem jetzigen West- und Ost-Fresland klärlich könne unterschieden werden. Sonst wird auch diese Gegend zuweilen Uthlande geheißen, entweder nach dem alten Worte Eith, so (...) Wasser soll bedeuten, oder daß sie hinaus an der See seyn gelegen; auch wol Spadelande, weil sie mit der Spaden bedeicht werden (...).«

(Aus: »M. Anton Heimreichs, weyl. Prediger auf der Insel Nordstrandisch-Mohr, nordfresische Chronik«, veröffentlicht 1666/in 2. Auflage 1668. In der Ausgabe von Dr. M. Falck, Professor des Rechts in Kiel, aus dem Jahre 1819).

Kreis Nordfriesland – Daten und Fakten

Fläche:	2049,4	Quadratkilometer
Flächennutzung*		
– Landwirtschaftliche Flächen	161.894	Hektar
– Siedlungs- und Verkehrsflächen	16.776	Hektar
– Waldflächen	7.193	Hektar
– Wasserflächen	7.089	Hektar
– Unlandflächen	3.714	Hektar
– Sonstige	8.177	Hektar
Küstenlänge insgesamt:	440	Kilometer
davon		
– Festland	155	Kilometer
– Inseln und Halligen	285	Kilometer
Einwohner (Stand 31.3.2001)	164.340	
Von der Bevölkerung leben:		
– auf dem Festland	77,08	Prozent*
– auf den Inseln	22,77	Prozent*
– auf den Halligen	0,15	Prozent*
Anzahl der Städte:	8	(Bredstedt, Friedrichstadt, Garding, Husum, Niebüll, Tönning, Westerland, Wyk auf Föhr)
Anzahl amtsfreie Gemeinden:	4	(Leck, List, St. Peter-Ording, Reußenköge)
Amtszugehörige Gemeinden:	124	
Anzahl Amtsverwaltungen:	16	
Naturschutzgebiete:		
– Anzahl*	31	
– Größe insgesamt*	11.310	Hektar
Nationalpark Wattenmeer, nordfriesischer Teil	176.290	Hektar

* Stand 1999
Alle Angaben nach Unterlagen, die die Kreisverwaltung Nordfriesland (Pressestelle) zur Verfügung stellte.

Kulturdenkmal: Der Turm der Alten Kirche auf Pellworm

Als die Friesen kamen

»In der Zeit vom 7. bis zum 10. Jahrhundert fand eine Einwanderung von Friesen aus den altfriesischen Gebieten nach dem heutigen Nordfriesland statt. Dabei wurde zuerst der höher liegende Westrand der Uthlande, wie Nordfriesland damals genannt wurde, besiedelt. (...) Später wurden auch die östlich anschließenden Niederungsgebiete von den Friesen in Besitz genommen.«

(Aus: »Kleine Geschichte Nordfrieslands und der Friesen«, herausgegeben vom Friesenrat. Verlag: »Norfriisk Instituut, Bredstedt/Braist, Nordfriesland«. 1982)

Sylter Tanz- und Trachtengruppe in historischer Tracht

Kunstgewerbe
Dänemark - Schweden
Norwegen - Finnland
Scan-kunst

Machen wir uns auf den Weg ...

Einsetzende Ebbe,
im Hintergrund die Warften auf der Hallig

Gewiß, Nordfriesland hat interessante Städte, aktive Gemeinden, gepflegte Dörfer, versteckte Siedlungen, prächtige Einzelgehöfte. Allesamt wert, besucht und besehen zu werden.
Und doch: Vor allem die Landschaft ist es, die den Reiz, die Großartigkeit, auch die Einmaligkeit dieses Kreises ausmacht. Landschaft, geprägt von der Nordsee mit Inseln und Halligen, mit Watten und Sandbänken, mit Dünen und weißen Stränden. Landschaft mit den von Deichen eingefaßten Kögen, mit der Weite der Marsch, mit der »höherliegenden« Geest, mit Heiden, Mooren und Binnendünen. Mit Flüssen, Auen, Sielzügen und unzähligen Gräben. Mit gepflegten Äckern, Wiesen und Weiden.
Darüber der immer ausdrucksvolle Himmel des Nordens, hell und licht heute, wolkenschwer morgen.
Es gibt viel zu entdecken. Machen wir uns auf den Weg!

KREUZ UND QUER DURCH DEN KREIS NORDFRIESLAND

Die Kreisstadt

Husum, die vielbesuchte, lebhafte Kreisstadt. Erstmalig urkundlich erwähnt 1252, Marktrecht seit 1465, Stadtrecht seit 1603.*
Einwohner im Jahre 1925: 10.103, im Jahre 2000: 20.708. Länge der Stadtgrenze 25,5 Kilometer, Fläche: 1758 Hektar. Parkplätze im Bereich der Innenstadt etwa 2500. Hafenumschlag im Jahre 2000: 387.190 Tonnen. 715 Schiffe haben in dem

Motive am Husumer Hafen

Jahr den Husumer Hafen angelaufen. Gewerbegebiete: 140 Hektar; weitere Gewerbeflächen in Planung. Husum ist Messestadt mit großer Messehalle und zugehörigen Freiflächen. Die Husumer »WindTech« gilt weltweit als größte Messe der Windkraftanlagen-Hersteller.

* Daten und Zahlenangaben aus »Zahlenspiegel der Stadt Husum«. Stand 1. Januar 2001.

Szene aus Husum

Husum – bunt und lebensfroh

Ihren Theodor Storm schätzen die Husumer über alle Maßen. War er doch als Dichter von Weltliteratur zugleich Heimatschriftsteller im allerbesten Sinne. Keiner hat Husum, die Marschen und Deiche, aber auch die Geest und die stille Heide, großartiger und nachhaltiger beschrieben als er.

Und so ist denn Theodor Storm, 1817 in Husum geboren, für die Stadt und die Region posthum von unschätzbarem touristischem Wert. Jahr für Jahr kommen viele Besucher, buchstäblich aus aller Welt, um die Stadt Husum, um die »Region des Hauke Haien« zu erleben. Und um den Spuren Storms »nachzugehen«. Der

Husum – bunt und lebensfroh!

Besuch des Storm-Museums im Haus Wasserreihe 31 gehört stets dazu. Hier hat Storm von 1866 bis 1880 gewohnt.
Seine Husum-Darstellung in dem berühmten Gedicht von der »grauen Stadt am grauen Meer« haben die Husumer ihrem Storm längst verziehen. Schließlich kann sich jeder Besucher selbst überzeugen, daß Husum eine bunte, eine heitere, eine lebensfrohe Stadt ist. Zugegeben, im Spätherbst gibt es auch trübe Tage, mit grauem Nebel. Und die Blumen blühen auch nicht mehr. Aber – bitte sehr – das ist dann woanders auch nicht anders.

Wasserreihe

Schmale Gasse, Kopfsteinpflaster, kleine Utlucht-Häuschen,* ehemalige Speicher, einstige Handwerkerhäuschen mit Lukengiebel, schöne alte Oberlichttüren – das ist die Straße Wasserreihe. Eine Althusumer Straße, parallel zum Hafen, mit dem Flair einer längst vergangenen Zeit. Handwerker, Schiffer, einige Kaufleute haben hier gewohnt. Und, von 1866 bis 1880, Theodor Storm, im giebelständigen Kaufmannshaus von 1730, Hausnummer 31. Heute Storm-Museum.

* Utlucht: ganz schmaler Vorbau an der Straßenseite des Hauses, mit Fenstern links, rechts und vorne, durch die die Straße nach allen Seiten eingesehen werden kann.

Bilder aus der Straße »Wasserreihe« zu Husum

Husum um 1850

»Husum, (...). Früher war die Stadt durch den Handel zur See, sowie mit Pferden und Vieh, durch Fischerei und Schifffahrt bedeutender als jetzt. In Schiffs- und Seesachen gilt das Wisby'sche Seerecht. Am Ende des 16. Jahrhunderts besaß sie [Anm.: die Stadt] *40 größere und kleinere Schiffe (...). 1842 aber 28 Schiffe (...). Der Hafen und die Aue sind nur für 5 Fuß tief gehende Schiffe fahrbar, größere ankern auf der ½ Meile W. an der Stadt liegenden sicheren und bequemen Reede; Tabakfabriken, Muschelkalkbrennereien, Cichorien- und Essigfabr., bedeut. Vieh-, Pferde- und Schweinemärkte; latein. Schule, die reiche milde Stiftung des Gasthaus zu St. Jürgen. 1835: 3882 Einwohner.«*

(Aus: *»Ritter's geographisch-statistisches Lexikon«, vierte Auflage. 1855)*

Die »Hildegard« wurde aufgeslipt

1988/89 haben die Husumer nach Plänen der Architekten Patschau/Werner/Winking ihr neues, modernes Rathaus errichtet. Am Ende des Binnenhafens, dort, wo vorher – und das seit mindestens 1796 – Schiffe gebaut und repariert wurden. Die breite, ehemalige Slipanlage der letzten dort tätigen Werft blieb – mitsamt Schienen – erhalten. Symbolträchtig und als Bestandteil des architektonischen Gesamtkunstwerkes Rathaus.
Insbesondere Besucher aus süddeutschen, werftenfreien Binnenlandgegenden – deren gibt es in Husum viele – konnten den ziemlich leer wirkenden Platz mit seiner schiefen Ebene vor dem Rathaus ohne einheimische Infohilfe nicht so recht deuten.

Nunmehr geschah – seit Sommer 2002 – Abhilfe. Die »Hildegard«, ein ehemaliger Tonnenleger, wurde aufgeslipt. Und liegt, frisch unter Farbe, nunmehr dauerhaft vor dem Rathaus. Just dort, wo bis 1978 Schiffe gebaut und repariert, aufgeslipt und zu Wasser gelassen wurden. Die »Hildegard« erinnert sichtbar und – im Wortsinn – faßbar daran, wie es einst zuging, zu Werftzeiten. Dem Besucher scheint es, als sei das Gesamtkunstwerk Rathaus nunmehr erst so richtig vollständig.
So ganz nebenbei animiert die »Hildegard« dazu, das Husumer Schiffahrtsmuseum zu besuchen – nur wenige Schritte entfernt. Es lohnt sich!

Die Daten der »Hildegard«:
Ab 1907 als Segler unter dem Namen »Eider« zur Markierung der Schiffahrtswege eingesetzt in der Eidermündung und im Wattenmeer. 1921 Umrüstung zum Motorschiff. 1958 Verkauf an den Vertragstonnenleger Ricklefs/Amrum. Umbenennung auf den Namen »Hildegard«. Tonnenverlegung von Hallig Gröde bis zur dänischen Grenze. Außerdienststellung: 1978. Kauf der »Hildegard« als Museumsschiff durch das Schifffahrtsmuseum Nordfriesland.
Baujahr: 1907. Länge über alles: 22,20 Meter. Breite auf Spanten: 5 Meter. Tiefgang beladen: 1,75 Meter.

Die »Hildegard« vor dem Husumer Rathaus

»Gasthaus zum Ritter St. Jürgen« (I)

Sie sei »Speisemeisterin« des »Gasthauses zum Ritter St. Jürgen in Husum«, erklärte die nette Dame, die dem Autor einiges über dieses »Gasthaus« erzählte. Soviel vorweg: Die »Speisemeisterin« ist nicht die Küchenchefin, und das »Gasthaus zum Ritter St. Jürgen« ist kein Restaurant. Am besten der Reihe nach:

Das »Gasthaus zum Ritter St. Jürgen in Husum« hat eine über 500jährige Geschichte und wird in Husum »Kloster« genannt. Als Armen- und Krankenhaus hat es vermutlich bereits um 1400, mit Sicherheit 1440 bestanden. Die erste Urkunde datiert aus dem Jahr 1465. Das »Gasthaus zum Ritter St. Jürgen« ist eine selbständige, mildtätige Stiftung. Heute als Alterswohnheim mit Pflegeversorgung geführt. 35 Wohnungen stehen in der Straße Osterende zur Verfügung, den Bewohnern – den »Präbendaren« – wird ein sorgenfreier Lebensabend ermöglicht. Durch Erträge aus Grundbesitz (86 Hektar) und Vermögen sowie ehrenamtliche Verwaltung sind günstige Wohn- und Pflegebedingungen gewährleistet.

Vier »Klostervorsteher« stehen der Stiftung vor. Sie sind auf acht Jahre gewählt und ehrenamtlich und unentgeltlich tätig. Alle zwei Jahre scheidet ein »Klostervorsteher« aus, und ein neuer wird hinzugewählt. Im dritten und vierten Jahr seiner achtjährigen Vorstandszeit führt jeder Klostervorsteher zusammen mit seiner Ehefrau als »Speisemeister« und »Speisemeisterin« die gesamte Verwaltung der Einrichtung. Im Februar eines jeden Jahres hat der Vorstand in stilvoll-traditioneller, festlicher Weise der »Gasthausversammlung« Rechnung zu legen. Die »Gasthausversammlung« besteht unter Vorsitz des Husumer Bürgermeisters aus dem Bürgervorsteher, den Magistratsmitgliedern, den Geistlichen der Marienkirche, dem Archivar und dem Klostervorstand.

Das »Gasthaus zum Ritter St. Jürgen« ist mehr als ein übliches Altersheim, auch mehr als eine »normale« Stiftung. St. Jürgen ist eine der bedeutendsten Husumer Institutionen, ist eine seit Jahrhunderten wahrgenommene gesellschaftliche Verpflichtung, ist praktizierte Nächstenliebe und soziale Tat.

Blick durch das Tor in den Hof von »St. Jürgen« (links) und das »Lange Weiße Haus«

»Gasthaus zum Ritter St. Jürgen« (II)

Fensterbilder in »St. Jürgen«

Wie gesagt, das »Gasthaus zum Ritter St. Jürgen«, diese mildtätige Stiftung, wird in Husum »Kloster« genannt. Es gibt »Klostervorsteher« und die »Klosterrechnung«. Ein echtes Kloster ist dieses »Gasthaus zum Ritter St. Jürgen« aber nie gewesen. Woher stammt dann die Bezeichnung »Kloster«?

Das kam so: Ungefähr dort, wo heute das »Schloß vor Husum« steht, befand sich zuvor wirklich ein Kloster der Franziskaner. Das Ansehen der Mönche schwand, als dank der kraftvollen Predigten von Hermann Tast die Reformation Einzug hielt. Die letzten Mönche sollen Husum 1527 verlassen haben. Die nunmehr »freien« Klostergebäude überwies der dänische König der Stadt Husum. Die Stadt ließ dort die Insassen des »Gasthaus zum Ritter St. Jürgen« wohnen. Kranke und Alte waren es. Da »St. Jürgen« nunmehr im ehemaligen Kloster untergebracht war, bürgerte sich der Begriff »Kloster« für die Institution St. Jürgen ein. Dabei blieb es. Aber schon bald mußte »St. Jürgen« (alias »das Kloster«) dieses Domizil wieder verlassen. Weil Herzog Adolf I. hier – nach Abbruch der Klostergebäude – in den Jahren 1577 bis 1582 das Schloß errichten ließ. Besagter Herzog ließ eine kurz zuvor errichtete protestantische Pfarrkirche um 1570 umbauen und erweitern. Hier, Osterende 18, fand das »Gasthaus zum Ritter St. Jürgen« (also: »das Kloster«) eine neue Unterbringung. Bis heute. Um- und angebaut, modernisiert wurde im Laufe der Jahrhunderte mehrfach. Aber der Mittelteil mit der kleinen

Kirche im »Langen Weißen Haus« hat noch die alten Mauern aus der Zeit um 1565/1571. Im schmalen Garten, den Theodor Storm in seiner Novelle »In St. Jürgen« beschrieb, blühen bunte Blumen wie eh und je. Die kleine Glocke, hoch oben am »Langen Weißen Haus«, wird 14täglich sonntags geläutet. Und ruft zum Kirchgang. Nicht nur für die »Präbendaren«, sondern für jedermann/jedefrau.

Eine kostbare Besonderheit in dem kleinen Kirchenraum ist das »Speisemeisterfenster«. Hier wird seit Jahrhunderten in kleinen Fenstertafeln mit Namensangabe und Jahreszahl jener »Speisemeister/Speisemeisterinnen« (auch »Vorsteher« und »Inspectoren«) gedacht, die in St. Jürgen ehrenamtlich tätig waren.

Der Kirchenraum ist werktags für Besucher geöffnet.

In St. Jürgen

»Meine Gedanken gehen die lange Straße hinauf bis zum äußersten Ende, wo das St.-Jürgens-Stift liegt; (...). Das jetzige Haus ist im sechzehnten Jahrhundert von einem unserer Herzöge erbaut und durch Wohltätigkeitssinn der Bürger allmählich zu einem gewissen Reichtum gediehen, so daß es nun für alle Menschen, die nach der Not des Lebens noch vor der ewigen Ruhe den Frieden suchen, einen gar behaglichen Aufenthaltsort bildet. – Mit der einen Seite streckt es sich an dem St.-Jürgens-Friedhof entlang, (...); die andere liegt nach dem innern Hofe und einem angrenzenden schmalen Gärtchen, aus dem in meiner Jugendzeit die Pfründnerinnen sich ihr Sträußchen zum sonntäglichen Gottesdienste pflückten. (...)«

(Aus der Novelle *»In St. Jürgen«* von Theodor Storm, geschrieben 1867, erstmals veröffentlicht 1868. Hier entnommen aus *»Theodor Storm. Sämtliche Werke«, 6. Auflage. 1986. Aufbau-Verlag)*

Oben: Die Glocke am »Langen Weißen Haus«

Beischlagwangen

In Husums historischer Altstadt lassen sich auch nach dem »ich-weiß-nicht-wievielten« Besuch immer weitere interessante Details entdecken. Wie ein rundes Dachfenster, kleiner als die heutigen, aber gewiß formschöner. Wie Einzelheiten an alten Giebeln. Wie die Beischlagwangen vor den Häusern Norderstraße 21 und Markt 3. Beischlag wird erläutert als offener Vorbau mit Treppe, Geländer und Sitzplätzen, quer vor der Front des Wohnhauses liegend. Die Beischlagwange bildete dazu das schmückende, begrenzende Endstück. Beischlagwangen sind insbesondere aus der Renaissance und dem Barock überliefert.

Auf den beiden reich skulptierten Beischlagwangen vor dem Haus Markt 3 - wohl nicht der ursprüngliche Standort - sind die Namen Simon Petersen und Peter Petersen zu lesen und die Jahreszahlen 1605 und 1613. Die sandsteinernen, ebenfalls reich verzierten Beischlagwangen vor dem Gebäude Norderstraße 21 tragen die Jahreszahl 1616. Die Texte handeln von einem Doctor Hermann Lather und einer Christine Lather. Reliefs versinnbildlichen die »Gerechtigkeit« und die »Liebe«.

Husumer Beischlagwangen

»Schloß vor Husum«

»Schloß vor Husum« – so ist es richtig. Und nicht etwa Schloß von, in oder bei Husum. Natürlich steht das Schloß heute in Husum. Aber als es 1577–1582 gebaut wurde, lag es noch (kurz) vor Husum. Deshalb, ganz amtlich und für alle Zeit, »Schloß vor Husum«. Bauherr war Herzog Adolf von Schleswig-Holstein-Gottorf. Zwar wollte der seinen herzoglichen Hauptwohn- und -dienstsitz nicht von der Schlei an den Husumer Hafen verlegen, aber eine Nebenresidenz sollte das Husumer Schloß schon sein. So etwas för-

dert das politische, wirtschaftliche, kulturelle und gesellschaftliche Leben einer Region. Darauf kam es dem Herzog an. Später, von 1613 bis 1694, diente das Schloß nacheinander den Herzoginnen Augusta und Marie Elisabeth als Witwensitz. Danach ging es mit dem Schloß »abwärts«. Es drohte gar zu verfallen. 1751/52 erfolgte der

Umbau zum »Amtshaus«, wobei die architektonische Pracht der Renaissance des Ursprungsbaues »auf der Strecke« blieb.

In den Jahren 1976 bis 1989 wurde grundlegend restauriert, das Erscheinungsbild von 1752 weitgehend wiederhergestellt. Heute dient das »Schloß vor Husum« insbesondere kulturellen Zwecken.

Das erhaltene Nordportal in der ehemaligen Schloßmauer, ein Rundbogentor, stammt aus dem Anfang des 17. Jahrhunderts, ist ausdrucksvolle Spätrenaissance.

Das »Schloß vor Husum«,
der Brunnen im Schloßhof
und das Nordportal des Schloßparks

Torhaus

Das Torhaus zum »Schloß vor Husum«. Ein beeindruckend schönes Gebäude in weiß geschlämmtem Backstein, mit mehrfach gestuften Schweifgiebeln. Und mit einem großen, die Rundbogendurchfahrt umfassenden Sandsteinportal. In zwei Nischen des Portals die Göttinnen Athene und Venus als lebensgroße Sandsteinfiguren. Baujahr 1612, Spätrenaissance.
Am Torhaus läßt sich erahnen, wie auch der Ursprungsbau des »Schlosses vor Husum« einst ausgesehen hat.

Das Torhaus »Schloß vor Husum« und sein prachtvolles Portal

Seit August 2002 sind in das Torhaus neue Mieter eingezogen: die Wirtschaftsförderungsgesellschaft Nordfriesland und die Geschäftsstelle der Industrie- und Handelskammer. Folglich: das altehrwürdige Torhaus des »Schlosses vor Husum« als modernes Servicezentrum für die Unternehmen im Kreis Nordfriesland.

»Göttin« (altgriechisch) am Portal des Torhauses

Sylt geographisch

Sylt
- wurde vor ca. 8000 Jahren vom Festland abgetrennt und damit zu einer Insel;
- mißt in der Länge 38,5 Kilometer;
- mißt an der schmalsten Stelle nur 700 Meter, an der breitesten Stelle aber 12,5 Kilometer. Mit 52,5 Metern Höhe ist die Uwe-Düne bei Kampen die höchste Erhebung auf Sylt.
- hat 26,7 Quadratkilometer Naturschutzgebiet und 14,8 Quadratkilometer Landschaftsschutzgebiet;

Sylt – lange Strände (oben) und viele liebenswerte Details, wie hier in Keitum

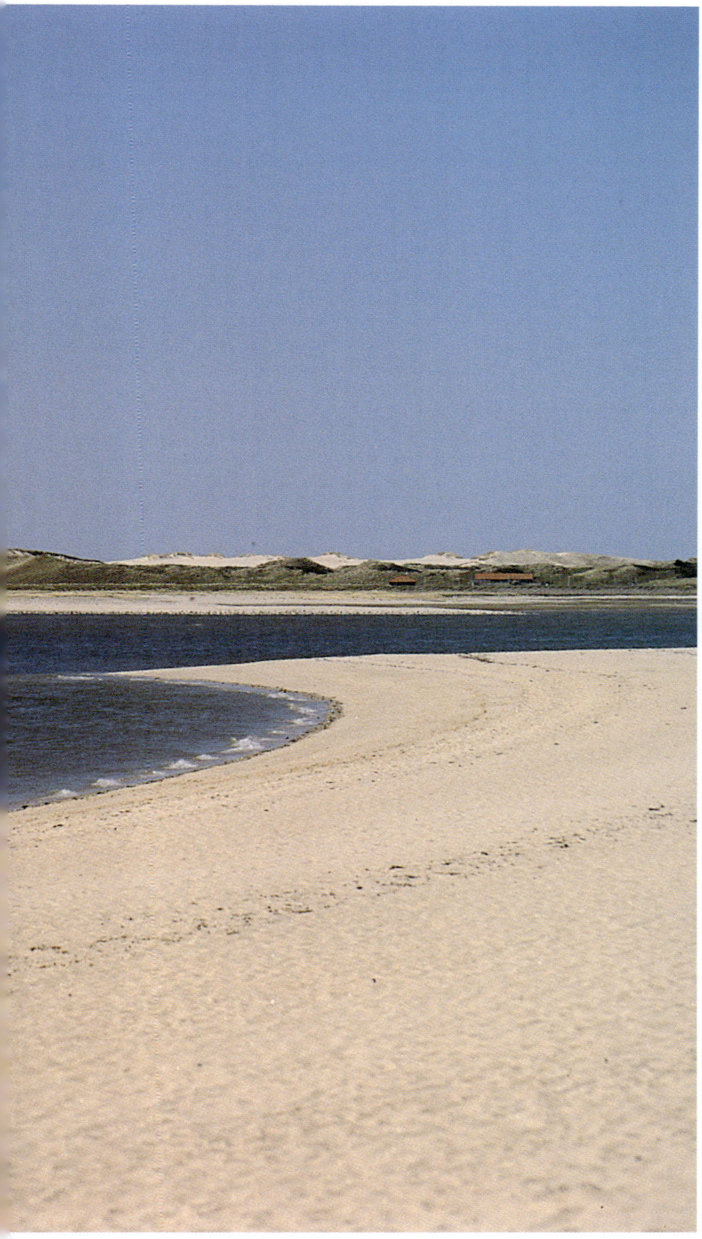

- ist mit einer Größe von knapp 99 Quadratkilometer die größte deutsche Nordseeinsel;
- liegt etwa auf der gleichen Höhe wie die sibirische Stadt Omsk und der Südzipfel von Alaska.

  Die Entfernung zum Festland beträgt je nach Standort zwischen 8 und 27,5 Kilometer.

(Zitiert - in Auszügen - nach einer Pressemitteilung der Bädergemeinschaft Sylt GmbH)

Westerland: Bad für »alle Welten«

Mal ehrlich: Eine städtebauliche Offenbarung ist Westerland nicht. Da stehen Häuser-Viereckschachteln neben skurrilen, spitztürmigen Restaurantbauten, große Hotels der modernen Vorzeigeklasse in der Nähe eines »nachgebliebenen« reetgedeckten Niedrighäuschens, Villenbauten aus der Gründerzeit der 1890er Jahre neben neuen Geschäftsbauten, sowohl der sachlich-nüchternen wie der niedlichen Form. Und so fort. Ein kunterbuntes Durcheinander, das in seiner Art schon wieder Charme hat. So etwas wie ein architektonischer Cocktail.

Westerland: In der Stadt (unten), am Strand (rechts)...

Und überhaupt, kein vernünftiger Mensch kommt nach Westerland, der 8853-Einwohner-Stadt,* um hier bedeutungsvolle Architektur zu bewundern. Westerland, das schon in der wilhelminischen Zeit zwischen 1870 und 1914 Weltbad war, hat andere Vorzüge. Vor allem die absolute Toplage an der »offenen« Nordsee. Will sagen, von Westerland Richtung Westen kommt nur noch Meer, jedenfalls bis England. Und Richtung Nordwest noch viel mehr. Bis Island, so ungefähr. Wind und Welle kommen also ungehindert, mit weitem Anlauf, an den Westerländer Strand. Wodurch die Seeluft garantiert

rein ist. Vom gesundheitsfördernden, leichten Salzgehalt abgesehen. Wenn der Wind ein wenig nachhilft (tut er meistens), steht eine prächtige Brandung. Der sieben Kilometer lange Strand, die Strandpromenade, verkehrsberuhigte Einkaufs- und Flanierstraßen sind weitere Pluspunkte der Sylter »Insel-Hauptstadt«. Dazu das Freizeitbad »Sylter Welle«, das »Syltness Center« zwecks (noch mehr) Gesundheit und Wohlbehagen, Gastronomie von der Stehkneipe bis zum Nobelrestaurant, Quartiere von schlicht bis exquisit, Kulturelles und Sportliches.

Kurzum: Westerland für alle. Oder wie die Werbung schreibt:* *»Die Insel-Hauptstadt ist ein Weltbad für ganz verschiedene Welten. Für die mondäne, die rustikale, die schrille, die gemütliche, die schicke und die normale Welt.«*
Das entspricht – sozusagen – dem Westerländer Stadtbild: Nichts, was es nicht gibt.

* Stand 31.12.2001.

** In »Natürlich Sylt« 2000. Info-Magazin. Herausgegeben von der Bädergemeinschaft Sylt GmbH.

... und auf der Promenade (unten)

Sandgeboren

Im Süden bei Hörnum-Odde, im Norden auf Listland mit der langgestreckten, schmalen Halbinsel Ellenbogen, ist Sylt sandgeboren. Nichts als Schwemmsand vom Meer mit endlosen, hellen Stränden. Und mit Dünen, Dünen. Großartige Nordseelandschaft. Sie wird ständig umgeformt. Durch vom Wind neu aufgewehte Dünen. Durch Meeresströmungen, die Sand herantransportieren, ablagern und so den Strand verbreitern. Aber auch durch hoch auflaufende Sturmfluten, die Strand und Dünen abtragen. Hörnum-Odde und der Ellenbogen - ein einzigartiges, immer wieder neues Naturerlebnis.

Dünen auf dem »Ellenbogen« (oben) und bei Hörnum-Odde (oben links)

Weißer Strand – soweit das Auge reicht

Das schöne Keitum

In der 1950er, 1960er Jahren legte der Bausünden-Boom der ersten Nachkriegsaufbauzeit so richtig los. Architektonisch »seelenlose« Viereckschachteln von Häuser entstanden mancherorts in Menge. Manches altehrwürdige, historische Gebäude mußte dafür weichen.

In Keitum auf Sylt hat man das alles - Gott sei Dank - nicht mitgemacht. Man setzte auf Altbewährtes, Vertrautes, auf den Charme des »Dorfes von gestern«. Bewahren hieß (und heißt) das Motto. Renovieren, restaurieren, modernisieren, gegebenenfalls neu bauen - ja. Aber - bitte - passend zum schönen, alten, überkommenen Ortsbild.

Und so gibt es in Keitum mehr Reetdächer, Friesengiebel, schöne Haustüren, Sprossenfenster, mehr Häuser und Häuschen im Stil von Alt-Sylt als anderswo auf der Insel. Unter dem Blätterdach vieler Bäume, in einem »Knäuel« schmaler, gewundener Dorfstraßen.

Keitum, das schöne Keitum, lädt zum Bummeln ein.

Motive aus dem schönen Keitum

Keitums Kirche

Keitums romanische Kirche
und ein Fensterdetail

Dort, wo der Sylter Geestkern am höchsten ist, steht, abseits vom Dorf, aber nahe zum Watt, die Kirche von Keitum: St. Severin. Aus Tuff, Feldsteinen und Ziegeln erbaut. Sie ist spätromanisch, stammt aus dem frühen 13. Jahrhundert. Kirchenschiff und Apsis tragen traditionell ein Bleidach. Der spätgotische, auf die Zeit um 1450 datierte Turm ist mit Dachpfannen in der sogenannten Mönch-Nonnen-Legung gedeckt. Keitums weiße Kirche mit dem roten Turm ist beeindruckend schön. Schmale Seitentüren, tiefe Fensterlaibungen und steinerne Ziersetzungen im Außenmauerwerk sind ausdrucksvolle Details.

Friesenwall

Bekannt sind sie unter der Bezeichnung »Friesenwall«. Nicht nur im Nordfriesischen, sondern inzwischen auch weit südlich der Elbe. Ein Friesenwall ist eine Steinmauer. Aufgeschichtet aus Natursteinen, sprich: Felsbrocken, in gerade noch per Muskelkraft tragbarer Größe. Gewachsener Fels steht in Nordfriesland bekanntlich nirgends an. Folglich sind die Friesenwallsteine auch nicht in hiesigen Steinbrüchen gewonnen. Es sind Findlinge, aufgelesen aus dem Land. Vor zigtausend Jahren mit Eiszeitmassen als Gebirgsschutt aus Skandinavien herantransportiert. Dank der weiten Reise à la Eiszeit und weil kilometerhohe Gletscher dabei kräftig Druck ausübten, sind die Steine »bearbeitet«. Das heißt, scharfe Kanten und Grate sind »weggehobelt«. Dadurch sind diese Felssteine weitgehend oberflächenglatt.

Aufgeschichtet zu einem »richtigen« Friesenwall werden die Natursteine ohne jegliches Verbundmaterial. Kein Mörtel, kein Zement hält die Mauer zusammen. Stabilität und dauerhafter Halt ergeben sich aus der richtigen Packung der Steine. Das erfordert Könner. Sind die Felsbrocken doch höchst unterschiedlich in Form und Größe.

Eine solche gut geschichtete Natursteinmauer, ein Friesenwall, ist als Einfriedung eines Hausgrundstücks eine Zierde des Anwesens. Vor Zeiten dienten Friesenwälle allerdings einem sehr realen Zweck. Zitat aus der Infoschrift »Museen in Keitum«: *»In Ermangelung von Holz schichtete man in früherer Zeit die Lesesteine des Feldes aufeinander, um die Gärten vor den freilaufenden Haustieren, insbesondere Schafen zu schützen.«*

Morsum-Kliff

Morsum-Kliff auf Sylt: ein geologisches Naturwunder. Nicht nur für Geologen. Da hat Mutter Erde in verschiedenen Erdzeitaltern mehrere Schichten aufeinander gelagert: Schwarzgrauer Glimmerton aus der Ur-Nordsee vor etwa qcht bis zehn Millionen Jahren. Rund fünf Millionen Jahre später dann eisenhaltige Sander, die sich mit Teilen des Glimmertons verbanden und so rostfarbenen Limonitsandstein entstehen ließen. Vor etwa drei Millionen Jahren schließlich transportierten mächtige Flüsse aus skandinavischen Regionen hellen Kaolinsand (bekannt als Porzellanerde) heran.

Normalerweise sind derart übereinandergelagerte Erdschichten im Untergrund versteckt, nicht sichtbar. Dank der hohen Steilküste des Morsum-Kliffs liegen diese Erdzeitablagerungen in ihren unterschiedlichen Farben wie angeschnitten dem Betrachter offen.

Damit nicht genug: Die vorletzte Eiszeit - vor »erst« 500.000 Jahren - sorgte mit den machtvollen Schubkräften kilometerhoher Gletscher für »Stauchungen«. Die bis dahin vertikalen Ablagerungsschichten verschoben sich gestaffelt

in eine schräge Lage, wurden teilweise hinter- und nebeneinander »umsortiert«. Wie hier am Kliff eindrucksvoll zu erkennen ist. Die Dünen oben auf dem Kliff sind jung, erst in den letzten 1000 Jahren von der heutigen Nordsee aufgeweht. Die Kräfte der Natur mit Wind, Regen und Frost, mit hochauflaufender Flut, mit der Schmirgelwirkung aufgewirbelter, windgepeitschter Strandsände verändern das Kliff unentwegt. Sie lassen diese imposante Steilküste »leben«, schaffen neue Abbrüche und Formen. Dadurch bleiben auch die verschiedenen Farben des Kliffs stets »frisch«. Das Morsum-Kliff und die aufgewehte Dünenwelt sind Naturschutzgebiet.

Farbenspiel am Morsum-Kliff

Stechginster – Ulex europaeus – Gaspeldorn

Mitte Mai. Der Stechginster blüht, in bedornten Blütenständen. Die typischen Schmetterlingsblüten duften leicht mandelartig. Eine Pracht in Goldgelb! Zu bewundern an der Straße von Kampen nach List. Und an manchen anderen Stellen auf Sylt.

Dr. Martin Nickol, Gartenkustos des Botanischen Gartens der Christian-Albrechts-Universität zu Kiel, hat auf Anfrage interessante Details zur »botanischen Besonderheit« Stechginster (Ulex europaeus) mitgeteilt.* Unter anderem:

»Das Verbreitungsgebiet der Gattung Ulex ist die Iberische Halbinsel, sie überschreitet nur mit etwa 5 Arten die Pyrenäen. Ulex ist aber früh schon im Mittelmeerraum verbreitet worden, so daß auch in Israel und Kleinasien Fundorte bekannt sind. Aber der Stechginster s t a m m t

nicht aus Palästina. [Anmerkung des Autors: Wie gelegentlich auf Sylt berichtet wird.] *Der Stechginster ist (...) eine subatlantische Art. Das Makroklima in Schleswig-Holstein ist (...) aber keineswegs so atlantisch-winterarm, daß diese Arten an der kontinentalen Ostgrenze ihrer Verbreitung nicht regelmäßig erfrören. Der Stechginster muß sich dann aus bodennahen Stammbereichen oder aus Sämlingen wieder regenerieren. Er ist also nicht eben häufig. (...) Der Stechginster hält sich jedenfalls am besten im atlanti-*

schen Klima der Insel Sylt. (...) Die Art ist in Schleswig-Holstein stark gefährdet und steht auf unserer Roten Liste in der Gefährdungsstufe 2 (stark gefährdet, vom Aussterben bedroht). Die korrekte Blütezeit für den Stechginster ist in Schleswig-Holstein Mai/Juni. (...) Tatsächlich kann in der uns häufig Ende November noch einmal ereilenden Warmluft vom Atlantik her auch der Stechginster (wie etliche andere, auch Ginster genannte Gattungen) einige Blütenknospen, die der Strauch um Pfingsten herum zwar angelegt, aber nicht ausgetrieben hatte, zur Blüte gelangen lassen.

Er b l ü h t jedoch nicht zweimal [Anmerkung des Autors: wie oft berichtet], *zeigt aber mitunter im Dezember nochmals einige Blüten. (...) Der Volksname »Gaspeldorn« (...) bezieht sich übrigens auf die Gaspe, d.h., Spange, Nestel, weil die Dornen früher einmal so verwendet wurden.«*

* Schreiben vom 23. Januar 2001. Autor und Verlag danken Herrn Dr. Nickol.

Kampen – so und anders

In den »Kreisen« sind sie selbstredend stets bekannt – die »Sylt-VIP-da-trifft-man-sich-Zeiten«. Dann stehen in Kampen mehr Nobelkarossen als auf dem Werksgelände von BMW. Kampen hat so seinen Ruf. Und seine Klischees. Beides, so scheint es, nicht ungern. Wo sich die Partygesellschaft der abgehobenen Geldklasse trifft, rollt eben der Rubel, Pardon: der Euro. Im Info-Magazin »Natürlich Sylt«, herausgegeben von der Bädergemeinschaft Sylt GmbH, liest sich das unter anderem so:

»Die große Küche genialer Küchenchefs, Aperitifs und Digestifs, Weine und Champagner der edelsten Marken (...) Kampen ist aber auch Shopping auf hohem internationalen Niveau. Hier weht der Duft der großen Marken (...) vom Designer zum Juwelier (...)«

Und die Straße »Strön-Wai« ist (Achtung: Klischee) noch immer die bekannteste Whisky-Meile nördlich der Alpen.

Begonnen hat das alles um 1952. Als nach Weltkrieg II das später so genannte deutsche Wirtschaftswunder seinen Anfang nahm. Und als das berühmte Westerland-Werbeplakat erschien, auf dem eine total hüllenlose Lady sich in die Nordseebrandung wirft. In den noch sexmoral-verklemmten 1950er Jahren geradezu eine Sensation. Dem Plakatvorbild taten es wohlgeformte junge Damen der damaligen »Fräulein-Wunder-Generation« gern nach: »topless« von Kopf bis Fuß in die Nordseefluten steigen. Am Strand von Kampens später legendärer Buhne 16 begannen Champagnernächte.

Am Roten Kliff von Kampen (rechts) und ein romantischer Meeresblick zu zweit

Der Wahrheit die Ehre: Im Kampen von heute trifft man auch Gäste, deren Foto garantiert noch in keiner Ausgabe der Regenbogenpresse veröffentlicht wurde. »Leute wie du und ich« eben, die keine 300 PS unter der Motorhaube ihres Autos haben.

An dem langen, breiten, weißen Strand Kampens, begrenzt vom großartigen Roten Kliff, treffen sich dann alle. Die VIPs und die Nicht-VIPs, die Ausgeschlafenen und jene, die nachts auf langer Theken-Tour waren. Die letzteren kommen später zum Strand. Viel später.

Die Kampener Vogelkoje

Eine Koje, sagt der Duden, ist ein Begriff aus dem Niederländischen und bezeichnet eine Schlafstelle, vornehmlich auf Schiffen. Hört sich gemütlich an: Koje.

Wildenten, die im Vertrauen auf eine derart friedliche Kojenbestimmung eine Vogelkoje aufsuchten, erlebten gewissermaßen ihr »blaues Wunder«. Und zwar das allerletzte. Kurzum: Eine Vogelkoje ist (genauer: war) eine Entenfanganlage. Im Infoblatt »Kulturgeschichte der Vogelkoje Kampen«* wird erläutert:

»Zahlreiche Süßwasserenten fliegen jährlich im Herbst aus dem im ostskandinavisch-nordrussischen Raum gelegenen Brutrevieren in ihre Winterquartiere nahe des wärmeren Ärmelkanals. Besonders die Jungvögel brauchen auf diesem langen Flug Ruhepausen. Darum legte man entlang der Reiseroute Süßwasserteiche an und setzte zahme Lockenten darauf aus. Von den Teichen gingen meist vier Fangkanäle aus, die seitlich und nach oben durch Netze abgeschlossen waren. Sie wiesen nach den Hauptwindrichtungen, weil Enten gegen den Wind schwimmen und fliegen. Die den Kanälen zustrebenden, sehr scheuen Tiere trieb ein sogenannter Kojenwärter dann immer weiter in die sich verengenden Fangarme hinein. Das Ende der Kanäle bildete jeweils eine Reuse, die sich auf diese Weise mit

* Herausgegeben von »Söl'ring Foriining – Sylter Verein«.

In der Vogelkoje, links die alte Fangreuse

Die Vogelkoje Kampen entstand mit dänisch-königlicher Konzession im Jahre 1767. Sie war 149 Jahre lang, bis 1916, in Betrieb. Über Fangergebnisse berichtet C.P. Hansen in der 1877 erschienenen 2. Auflage seiner »Chronik der friesischen Uthlande« zum Beispiel so: *»In der alten Sylter Vogelkoje wurden (1848) 22.916 Stück Knickenten gefangen.«*
Das Hotel Munkmarsch in Munkmarsch warb vor Zeiten nicht nur mit »Zimmer mit Caffee Mk. 2,75«, sondern auch mit »Knickenten und Friesenkuchen«. Außerdem wurde mitgeteilt: *»Knickenten versende* [ich] *frisch gefangen sowie conserviert in Dosen auf Bestellung im September und October.«*
Heute ist die Kampener Vogelkoje eine interessante museale Einrichtung, ein kulturhistorisches Zeugnis vom früheren Leben auf Sylt. Sie wird betreut vom »Söl'ring Foriining - Sylter Verein«, dem verdienstvollen Verein zur Erhaltung und zum Schutz von Küste, Landschaft, Brauchtum und Denkmälern auf der Insel Sylt.

Enten füllte. Der Wärter mußte nur noch die Vögel der Reuse entnehmen und sie durch ein Knicken des Halses töten.«
Dieser Vogelkojen-Entenfang hatte wirtschaftliche Gründe. Zitat aus der vorgenannten Infoschrift: *»Die wirtschaftliche Bedeutung der Kampener Fanganlage hängt mit dem Beruf der meisten Sylter im 18. Jahrhundert zusammen, dem Walfang. Dieser dauerte jährlich von Februar bis September. Der von September bis Dezember währende Entenfang bot zusätzlich Gelegenheit, sich mit einem Fleischvorrat zu versorgen, sowie auch durch den Verkauf von Enten einen finanziellen Erlös zu erzielen.«*

Sylter Tracht in Rot und Weiß

Sylter Festtagstracht

Die alte Sylter Festtagstracht der Frauen, getragen in der Zeit etwa von 1750 bis 1850, ist ebenso auffallend wie unverwechselbar. Das Kleid in leuchtenden Farben rot und weiß, die roten Strümpfe und die »besondere« Kopfbedeckung, die »Hüüf«, ergeben in der Kombination eine zwar eigenwillige, aber doch vornehme Note.
Die Tracht wird heute von der Trachtengruppe der »Söl'ring Foriining« wieder getragen. Zu bewundern auf vielen Veranstaltungen. Kinder und Jugendliche der »Jung Liir Sylt« (Tanzgemeinschaft der Trachtengruppe an der Hauptschule Sylt und der Jugend-Trachtengruppe der Söl'ring Foriining) tragen ein etwas verändertes Kleid. Aber natürlich auch in leuchtend Rot und Weiß. Richtig schick!

Wanderdüne

Die Wanderdüne auf Listland

Listland auf Sylt. Im Vordergrund flaches Land, mit noch aprildunklem Heidekraut bestanden. Daraus wächst sie in breiter Front empor, die gleißend helle, bis 35 Meter hohe, steil erscheinende Wand der Wanderdüne. Mit einem windgeformten, messerscharfen Grad. Ohne jeden Bewuchs. Zwischen drei und zehn Meter, so erfährt man auf Sylt, »wandert« die Düne jährlich landeinwärts. Zwei dieser bis zu einen Kilometer langen, aktiven Wanderdünen gibt es noch auf Sylt.

Hier läßt sich erahnen, wie es gewesen sein mag, als die gesamte ausgedehnte Dünenwelt der Insel noch »ungezähmt« war. Und langsam, aber unaufhaltsam, vom stetigen Wind bewegt, über das Land wanderte. Dadurch Felder, Dörfer, Kirchen unter sich begrub.

List Ost

Er erfüllt die Idealvorstellung eines allerschönsten Leuchtturms. Er ist rund, hoch aufragend, nach oben sich konisch verjüngend, mit umlaufender Galerie unterhalb der Laterne, diese bedeckt von einem flachen, kreisrunden Zeltdach. Vor allem aber, er ist abwechselnd in den Farben Rot-Weiß-Rot leuchtend angestrichen. Und dann steht dieses »Bild von einem Leuchtturm« auch noch inmitten der großartigen Dünenwelt des Ellenbogens auf dem Nordende von Sylt.

Die Rede ist von Leuchtturm List Ost.

Gebaut in Eisenmantelkonstruktion 1857, wurde das Licht anfangs mit Petroleum erzeugt, ab 1927 durch Flüssiggas. Elektrisch wird seit 1936 geleuchtet. Der Turm ist 13 Meter hoch. Da er auf dem hohen Dünenkamm steht, beträgt die Feuerhöhe 22 Meter. In drei Lichtfarben dient dieses »Leit-, Quermarken- und Orientierungsfeuer« mit folgenden Tragweiten der Schiffahrt: weiß 14 Seemeilen, rot 11 Seemeilen, grün 10 Seemeilen. Für Schiffahrtsunkundige: Eine Seemeile entspricht 1,852 Kilometern.

Nur einen ständig anwesenden Leuchtturmwärter gibt es nicht mehr. Seit 1977 wird List Ost ferngesteuert.*

* Die technischen Angaben wurden zur Verfügung gestellt von der Wasser- und Schiffahrtsdirektion Nord in Kiel.

Leuchtturm List Ost

List – im äußersten Norden

Sylt wirbt mit dem Slogan »... in Deutschland ganz oben«. List könnte eins draufsetzen: »Auf Sylt ganz oben«. List ist der nördlichste Ort Sylts, Schleswig-Holsteins und der Bundesrepublik Deutschland. List ist also einmalig – geographisch gesehen.
Außerdem: List hat einen Hafen. Klein, aber immerhin. Auch das ist auf der ansonsten hafenarmen Insel Sylt eine Besonderheit (nur Hörnum kann da noch mithalten). Mancher Sylt-Urlauber kommt via List-Hafen auf die Insel. Nämlich mit der Fährlinie von der dänischen Insel Rømø. Im Gegensatz zu Sylt ist Rømø per Straßendamm mit dem Festland verbunden.

Impressionen am Lister Hafen

Weil Hafenatmosphäre Urlauber geradezu magisch anzieht, ist am List-Hafen immer viel los. Sehleute über Sehleute. Die wollen verpflegt sein. Deshalb ist das Hafengelände mit Futter- und Getränkekrippen in erweiterter Kioskform geradezu vollgepflastert. Eine dieser Eßbuden gehört zu den gefragtesten, bekanntesten ihrer Art auf ganz Sylt. Eine absolute »In-Lokalität«, wie man hört. Da sollen im hemdsärmeliger Freiluftatmosphäre gar schon Medienstars und -sternchen, Wirtschaftsmogule und was dergleichen VIP-Leute mehr sind, ihre Austern geschlürft, ihren Champagner genippt haben. Otto Normaltourist wird auch bedient. Ein Fischbrötchen ist empfehlenswert.

Königliche Erholung

Früher kamen allerhöchste Hochblaublütige, nämlich Könige und dergleichen, nach Wyk. Zwecks Sommerfrische und Badefreuden. Dem Seebad Wyk, 1819 privat gegründet, verhalf das mächtig zu Ansehen und gesteigerter Nachfrage. Begonnen hat es 1842 mit Christian VIII., dem dänischen König. Er gab, samt hofstaatlichem Begleitpersonal, Wyk gleich in mehreren Jahren die Ehre.

Nachdem - wie das so ist mit den Wechselfällen der Geschichte - die Landeshoheit von Dänemark auf Preußen übergegangen war, weilte anno 1869 Kronprinzessin Viktoria von Preußen mit ihrem Sohn Prinz Wilhelm mehrere Wochen in Wyk. Besagter Prinz Wilhelm war späterhin der letzte deutsche Kaiser, Wilhelm II.

Wyk auf Föhr - gemütlich

Giebeldetail in Wyk

Die Wyker haben sich stets bemüht, es den hohen Herrschaften, waren diese nun dänisch, preußisch oder angehend reichskaiserlich, in jeder Weise recht zu machen. Mit Erfolg. Da blieben Gunstbeweise nicht aus. Der Wyker Bäcker und Konditor Wilhelm Schröder wurde sogar zum »Hoflieferanten« erhoben. Die Original-Ernennungsurkunde ist im Friesenmuseum in Wyk nachzulesen. Mit diesem Text:

»Seine Kaiserliche und Königliche Hoheit, Kronprinz des Deutschen Reiches und von Preußen, hat den Bäcker und Conditor Wilhelm Schröder

amtierende Könige und Kaiser zur Zeit nicht vorhanden sind. Aktuelle »Nenn-Kaiser«, wie den bayerischen »Grüß-Gott-schau'n-mer-mal-ex-Fußball-Kaiser« zieht es wohl eher nach Sylt als nach Föhr.

Kein Problem, sagen die Wyker und die Föhringer allesamt. Seebad Wyk und die gesamte Erholungsinsel Föhr mit ihren 17 gepflegten, »schnuckeligen« Inseldörfern haben sich längst als bekannte, gefragte Urlauber- und Kurlauberregion etabliert. Touristen und Kurende kommen rund um den Kalender. Im Sommer mehr, im Winter weniger. Sich bestens erholen, Interessantes erleben, Natur genießen kann man auf Föhr immer. Geradezu »königlich«.

in Wyck (auf der Insel Föhr) zu Höchst Seinem Hof-Lieferanten ernannt und will demselben zugleich das Recht ertheilen, Höchst Seine Wappen, wie sie diesem Diplom vorgedruckt sind, der Firma beizufügen. Zur Beglaubigung deßen ist das gegenwärtige Patent ausgefertigt worden. Berlin, den 24ten December 1872. Der Hofmarschall Seiner Kaiserlichen und Königlichen Hoheit des Kronprinzen.

gez. Graf Eulenburg.«

Heute meldet Wyk auf Föhr in Sachen Könige und Kaiser zumeist »Fehlanzeige«. Weil Margarethe, die dänische Königin, im eigenen Land bleibt. Und weil in deutschen Gefilden richtige,

Föhr in Zahlen*

Länge über alles:	12	Kilometer
Größte Breite:	8,5	Kilometer
Fläche:	82	Quadratkilometer
Umfang:	37	Kilometer Küstenlänge,
davon	22	Kilometer Deich
Höchste Erhebung:	13	Meter über NN, südlich von Oevenum
Tiefster Punkt:	0,5	Meter unter NN, in der Oevenumer Marsch
Einwohner:		
In Wyk:	4331	(Stand 1.3.2001)
In 17 Dörfern:	4330	(Stand 1.3.2002)

* Angaben entnommen aus dem Informationsblatt »Wissenswertes über Föhr«.

September auf Föhr

Mitte September, Tage zwischen Sommer und Herbst. Augusthitze und Gewitterschwüle sind verschwunden. Stattdessen frische, klare Luft. Weit und konturenscharf sind die Ausblicke über Land und See. Über dem Deich das Himmelsblau wie sauber gewaschen, garniert mit ausdrucksvollen, hellen Wolkenpaketen. Die Sonne zaubert Septemberlicht. Vor Friesenhauswänden blühen letzte Rosen.

Septemberstimmung (links) auf der zu allen Jahreszeiten schönen Insel Föhr (unten)

Inseldörfer

Die Bausündenzeiten der 1950er, 1960er und frühen 1970er Jahre haben die Inseldörfer auf Föhr ziemlich schadlos überstanden. Das heißt, architektonische Scheußlichkeiten wurden nicht gebaut. Dafür blieb viel altfriesische Bausubstanz erhalten: Bauerngehöfte, die typischen Schmalgiebelhäuser, die berühmten Kapitänshäuschen. Allesamt unter kuscheligem Reetdach.

Restauriert, renoviert, modernisiert wurde notwendigerweise allenthalben, viele Häuser ganz oder teilweise zu Urlauberquartieren umgewidmet. Aber das geschah (meistens) mit sicherem Gespür für die harmonische, schöne, alte Architektur. Vorzeigedorf Nr. 1 im altfriesischen Inselstil ist Nieblum. Eine kleine Schrifttafel an einem Haus gibt Aufschluß:

*»Hier lebte Hans Zumpe. *1915–2001† Langjähriger Bürgermeister dieses Ortes. Ihm ist die Erhaltung des Ortsbildes von Nieblum zu verdanken. Dafür erhielt das Friesendorf bundesweite Anerkennung und Förderung. In dankbarer Erinnerung Freunde und Weggefährten.«*

Nieblums zusätzliche Besonderheit sind die schönen Dorfalleen. Und kein Föhr-Urlauber versäumt den Besuch von Nieblums altehrwürdiger Kirche St. Johannis, dem »Friesendom«.

Aber auch der Besichtigungsbummel durch die anderen Inseldörfer lohnt allemal. Gemütliche Ferienwohnungen gibt es ohnehin überall.

Im Friesendorf Nieblum

Friesisch – oder: Einmal Amerika und zurück

Anna Schulz, die Föhringerin aus New York

»Mit der Familie«, sagt Anna Schulz, *»spreche ich friesisch.«* Sie sagt es so, als sei das eine Selbstverständlichkeit. Und das ist es wohl auch, hier in Borgsum, mitten auf Föhr. Andererseits, so ganz selbstverständlich erscheint es wiederum auch nicht. Schließlich wurde Anna Schulz nicht in Nordfriesland, sondern in New York geboren. Dennoch ist sie eine echte Föhringerin. Ihre Geschichte geht so:

Als ihr Vater, vor nunmehr etwas mehr als 50 Jahren, gerade 18 Jahre alt geworden war, ist er von Föhr nach Amerika ausgewandert. Weil er als zweitgeborener Sohn nicht Hoferbe war. Und weil es andere aussichtsreiche Berufschancen auf Föhr nicht gab. Also ging er nach Amerika. Wie es viele, viele Föhringer in vielen Generationen zuvor auch getan hatten. Als Farmarbeiter hat Annas Vater in den USA begonnen, es aber dann »geschafft«. Schließlich gehörten ihm in New York zwei Geschäfte. *»Stores«*, sagt Anna. Geheiratet hat er auch. Keine Amerikanerin, sondern eine Föhringerin, die »nachkam« in das große Land jenseits des Atlantiks. So kam Anna als Kind Föhringer Eltern in New York zur Welt. Und dann hat Annas Vater seine Geschäfte in New York verkauft und ist mit der Familie zurückgekehrt nach Föhr.* Da war Anna, die gebürtige Amerikanerin, vier Jahre alt. Und hier

* Föhringer Amerikaauswanderer sind, trotz beruflicher Erfolge in der Neuen Welt, zu allen Zeiten in vielen Fällen auf ihre Insel zurückgekehrt.

auf Föhr ist sie aufgewachsen in einem friesischen Elternhaus, in friesischer Umgebung. So gehört die friesische Sprache - neben Hochdeutsch versteht sich - eben doch zu ihren »Selbstverständlichkeiten«.
Dann berichtet Anna Schulz, geborene Carstensen, noch, daß die friesische Sprache *»wohl wieder etwas mehr im Kommen ist.«** In manchen Schulen wird Friesisch zum Beispiel in Arbeitsgemeinschaften angeboten. Sogar im Kindergarten hier in Süderende auf Föhr sei extra eine friesisch sprechende Mitarbeiterin eingestellt worden, damit diese Sprache, dieses großartige Kulturgut, schon bei den Kleinen »ankommt«. VHS-Kurse für Friesisch, weiß Anna Schulz, waren derart gefragt - auch von Fremden, die sich hier angesiedelt haben -, daß anfangs nicht alle drankommen konnten.

Mit sogenannter Heimattümelei hat das nichts zu tun. Dafür waren und sind die Nordfriesen - trotz vielfach »abgeschnittener Lage« - stets viel zu weltoffen. Etwa nach dem Motto: Einmal Amerika und zurück. Aber je »globaler« die heutige Welt wird, umso mehr besinnen sich Menschen offenbar auf ihre Identität, ihr Herkommen. Hier im Nordfriesischen gehört die eigene Sprache dazu: Friesisch.
Wie bei Anna Schulz, der Föhringerin aus New York.

* Das Gespräch mit Frau Anna Schulz in Borgsum wurde im September 2002 geführt.

Sprachen auf Föhr*

Friesisch (Fering):

Im Westen der Insel: Toftum, Oldsum, Süderende, Klein-Dunsum, Groß-Dunsum, Utersum, Hedehusum, Wittsum, Borgsum. Friesisch ist bei jung und alt noch tägliche Umgangssprache.

Plattdeutsch und Friesisch:

Im mittleren Teil der Insel: Boldixum, Wrixum, Oevenum, Midlum, Alkersum, Goting und Nieblum.

Hochdeutsch und Plattdeutsch: In Wyk.

Anmerkung: Hochdeutsch wird selbstredend überall verstanden und gesprochen.

* Angaben übernommen aus dem Informationsblatt »Wissenswertes über Föhr«, Stand 2002.

Hübsche Details auf Föhr, erspäht in Borgsum (links oben) ebenso wie in Nieblum (links unten) und in Utersum (oben und rechts)

Naturbilder am Meer

An der Küste auf Föhr. Die dunklen, windzerzausten Wolken eines späten Herbstnachmittags im Schein einer sinkenden Sonne. Glitzernde Lichtstreifen im Watt. Großartige Naturbilder für einen kurzen Augenblick.

Herbstnachmittag an der See (oben) und die Fähre mit Kurs auf Amrum (rechts)

Urlaubsbeginn

Amrum ist eine Insel. Klein genug, daß alles überschaubar bleibt. Groß genug, damit es nicht langweilig wird. Die ideale Urlaubsgröße. Rundherum ist Nordsee. Kein Eisenbahndamm à la Sylt führt zum Festland. Eben eine richtige Insel. Wer hin will, nimmt das Schiff. Anders geht es nicht. Von Dagebüll-Mole bis zum Fähranleger in Wittdün ist es – mit kurzem Zwischenstopp in Wyk/Föhr – eine gemütliche Zwei-Stunden-Seefahrt durchs Wattenmeer. Für den anreisenden Gast beginnt auf dem Schiff bereits der wahre Urlaub. Seefahrt beruhigt, entspannt. Mit dem langsam achteraus verschwindenden Festland entschwindet auch der Alltag.
Amrum voraus in Sicht! Und die Sonne scheint.

Amrumer Dünenwelt

Natur hat Zeit. Jahrhunderte, vielleicht ein paar Jahrtausende haben Meer und Wind, diese ewigen Verbündeten, zusammengewirkt. Und Amrums Dünenwelt entstehen lassen. Diese faszinierende, elementare Landschaft. Bestehend aus kleinsten Teilen, aus feinen Sandkörnern. Mit bis zu 30 Meter hohen Kuppen. Mit freigewehten, feuchten Senken, in denen Wollgras blüht. Die meisten Dünen sind heute durch Bewuchs »festgelegt«. So ziemlich jedenfalls. Denn sandhelle Hänge zeigen: die Düne lebt. Sandfahnen stehen in der Luft. Vom Meer, vom Kniepsand kommt Nachschub.

Nebel – das Friesendorf

Keine Frage, Amrum lebt vom Fremdenverkehr. Das Touristische ist allgegenwärtig. Auch in Nebel. Aber hier blieb im alten Ortskern – trotz mancher Neu-, An- und Umbauten – noch Flair aus alten Tagen erhalten. Ein Friesendorf, wie es sich der Gast vorstellt. Mit (ziemlich) stilgerechten alten Friesenhäusern, einer Kirche mit strahlend weißen Mauern und Reetdach auf dem Kirchenschiff. Mit gemütlich engen Straßen und Wegen.

Nebel – mit dem Flair aus »alten Tagen«

Straßennamen auf friesisch, gesehen in Nebel

Übersetzungen

In Nebel auf Amrum tragen Straßen, Wege und Gassen friesische Namen. Amtlich und ausschließlich. Wie auf Straßenschildern nachzulesen ist. Da stehen dann Bezeichnungen wie Meeskwai, Hööwjaat, Maalenstegalk.
Sprachlich interessante und – wenn ausgesprochen – eigenartige, wohlklingende Worte. Für den Gast aus »fremden« Gegenden allerdings unverständlich. Die Leute in Nebel haben vorgesorgt. Im Gebäude für Touristisches erhält der Urlauber einen DIN-A4-Bogen: »Übersetzung der friesischen Straßennamen in der Gemeinde Nebel.« Gewissermaßen eine erste Lektion in (Straßennamen-)Friesisch für Anfänger.

Zu Beginn Grundbegriffe:

Wai = Weg.
Stigh = Straße.
Stegalk = schmaler Fußweg.
Jaat = Gasse.

Im Detail dann so:

Meeskwai = Wiesenweg.
Hööwjaat = Kirchgasse.
Maalenstegalk = Mühlenfußweg.
Prääasterstigh = Pastorenstraße.
Smääljaat = schmale Gasse.
Ual Hööw = alte Kirche.

Und so weiter. Nicht zu vergessen der Böle-Bonken-Wai. Böle Bonken ist allerdings ein Personenname. Der Mann war hier im 19. Jahrhundert amtierender Lehrer. Er erwarb sich große Verdienste um Kirche und Schule.

Schiffsdarstellungen auf den historischen Gedenksteinen am Nebeler Friedhof

Von Kapitänen, Commandeuren und Segelschiffen

Die Kirche von Nebel

Amrumer Broterwerb früher. Der Fremdenverkehr war noch nicht »erfunden«. Dünengelände und magerer Geestboden ermöglichten keine für die Ernährung der – vielfach kinderreichen – Familien ausreichende Landwirtschaft. Die Amrumer (wie auch die Föhrer und Sylter) wurden deshalb notwendigerweise Seeleute. Unter ausländischer Flagge und für fremde Reedereien heuerten sie, besonders im 17. und 18. Jahrhundert, auf Walfischfängern an. Als Harpunierer, Steuerer, Bootsmann, Speckschneider oder Trankocher. Manche brachten es zum Schiffsoffizier. Einige zum Commandeur, wie die Kapitäne der Walfangschiffe genannt wurden. Auch in der Handelsschiffahrt waren die Amrumer in jenen Zeiten aktiv. Zum Teil auf eigenen Schiffen, kleinen Küstenfrachtern. Sämtlich unter Segel, versteht sich. Andere gingen für Reeder in vielen europäischen Häfen auf »große Fahrt«, weltweit. Amrumer Kapitäne waren »gefragt«.
Nicht alle kehrten auf ihre Insel zurück. Sie starben in der Fremde am »Gelben Fieber«, gingen an der gefürchteten Ernährungsmangelkrankheit Skorbut zugrunde, ertranken nach Schiffbruch

auf den Weltmeeren. Manche wurden von Seeräubern gekapert, gefangengenommen und - vor allem in Algerien - als Sklaven verkauft, zum Teil auch durch Zahlung von Lösegeld aus der Heimat wieder ausgelöst. Und einige blieben von sich aus irgendwo draußen in der Welt, wurden dort seßhaft.

Für die Zurückgekehrten, die Erfolgreichen unter ihnen, die es als Kapitäne und Commandeure zu Wohlstand gebracht hatten, ließen nach deren Ableben die Angehörigen großformatige Grab- und Gedenkstelen errichten. In feiner Steinmetzarbeit berichten diese Sandsteintafeln in ausführlichen Texten noch heute vom Leben dieser Amrumer. Von Geburt und erreichtem Lebensalter, von der Ehe oder den Ehen (viele Frauen starben früh im Kindbett, die Männer heirateten erneut). Von der Anzahl der Kinder. Von beruflichen Seefahrtserfolgen. Und weil die also Verblichenen erfolgreiche Seeleute waren, sind ihre Gedenktafeln mit je einem plastisch aus dem Stein herausgearbeiteten, detailgetreuen Segelschiff geschmückt. Mit Vier- und Dreimastern, mit kleinen Küstenschiffen. Unter Vollzeug, mit gerefften Segeln, oder auch abgetakelt.

Auf dem Friedhof von Nebel, neben der Kirche, ist eine Anzahl dieser »erzählenden« Grabplatten aus drei Jahrhunderten aufgestellt. Sie berichten vom Leben und Sterben einiger Amrumer. Und sind zugleich eine interessante, steinerne Schau von Seefahrzeugen aus der Segelschiffzeit.

Kinder entdecken die Inschriften auf den Gedenkstelen

Kniepsand

Kniepsand - scheinbar endlos

Nicht Land, nicht Meer: der Kniepsand. Eine riesige Sandbank, die fest an Amrums langer Westküste »angedockt« hat. Seit Jahrhunderten vorhanden, mit wechselnder Gestalt. Wind und Welle, Ebbe und Flut, Meeresströmungen sorgen für Veränderungen. Bis zu 1,20 Meter liegt der Kniepsand über dem mittleren Hochwasser, wird nur bei Sturmfluten überflutet. Dann werden kleine Dünenhügel, die der Wind aufgeweht hat, wieder weggespült, eingeebnet. So bleibt der Kniepsand in seiner ganzen Ausdehnung bügelbrettflach und eben. Überschaubar bis zum Horizont. Ganz, ganz vorn im Westen, wo der Kniepsand doch endet und das Meer beginnt, steht weißschäumend die Nordseebrandung.

Im stetigen Wechselspiel

Die Sonne, die Wolken, der Wind und das Meer.
Sie gehören zusammen. Im ewigen Wechselspiel
formen sie zauberhafte Bilder.

Die Mühle auf hoher Geest

Auf hohem Geestrücken, in freier Lage, vor dem eigentlichen Dorf, steht die Windmühle von Nebel. Ein sogenannter Erdholländer. 1771 erbaut, reetgedeckt. Ein Prachtstück, weithin sichtbar.

Im Jahre 1964 hat der »Verein zur Erhaltung der Amrumer Windmühle e.V.« die Mühle übernommen. Das Ziel – die Erhaltung – wurde bis heute erreicht. Glückwunsch!

Die Mühle ist voll funktionsfähig. Und kann innen und außen besichtigt werden. Sie beherbergt auch das Heimatmuseum mit Exponaten aus mehreren Jahrhunderten Inselgeschichte: Wohnen, Wirtschaften, Ackerbau, Seefahrt, Walfang.

Die Mühle von Nebel

Opfer der See

Am »Friedhof der Heimatlosen«

Er liegt an der Straße und doch abgeschirmt und für sich allein. Weil dichte Fliederhecken ihn einrahmen – den »Friedhof der Heimatlosen«. Durch eine weiße Holzpforte betritt man die kleine Anlage. Zwei Reihen schmaler Grabstätten, alle mit einem schlichten Holzkreuz versehen. Kein Name, nur jeweils ein Datum. Der Tag, an dem der unbekannte Tote am Strand angeschwemmt, gefunden und geborgen wurde. Zwei Reihen Opfer der See. Ungeklärte Menschenschicksale, die sich hier auf Amrum vollendet haben. »Friedhof der Heimatlosen« gegenüber der Mühle von Nebel. Ein Platz, der nachdenklich stimmt.

Wegen Sittlichkeit

Hüttmanns Hotel - Teilansicht des »klassischen« Teils

»Polizeiverordnung betreffend des Fernbleibens vom Damenbad auf Amrum. (...)

§ 1 Männlichen Personen ist das Betreten derjenigen Strand- und Dünenflächen auf Amrum, welche durch Warnungstafeln mit der Bezeichnung ›Damenstrand‹ kennlich gemacht sind, für die Dauer der Badesaison in der Tageszeit von 6 Uhr morgens bis 1 Uhr mittags verboten.

§ 2 Nicht weniger ist es männlichen Personen verboten an der für Damenbäder reservierten Strandstrecke zu baden.

§ 3 Jede Übertretung der obigen Vorschriften wird mit einer Geldstrafe bis zu 9 Mark evtl. mit entsprechender Haft bestraft.

Nebel den 22. Juli 1891
Der Amtsvorsteher
M. Mecklenburg«

(Der Text dieser handschriftlichen Abschrift der Polizeiverordnung wurde entnommen aus »Extra-Blatt. Sonderausgabe zum 100jährigen Jubiläum von Hotel Hüttmann 1892-1992.«)

Als der Fremdenverkehr »das Laufen« lernte

So um 1890 kam auf Amrum das Badeleben langsam in Gang. Der Fremdenverkehr lernte nach und nach »das Laufen«. Nicht im heutigen Standard, versteht sich, sondern schlicht, sehr schlicht. Wie Gäste untergebracht waren, als fließend Wasser, Badezimmer und Spül-WCs noch fehlten, ist anschaulich im »Öömrang-Hüs«* zu sehen. Hier ist ein Gästezimmer »aus jenen Tagen« vollständig eingerichtet, mit Waschzuber, Kerzenleuchter und Nachttopf einschließlich.

Einer der ersten Amrumer Vermieter war Heinrich Hüttmann aus Hamburg. Weil sich sein Hals- und Asthmaleiden auf der Insel entscheidend besserte, beschloß er, mit der Familie ganz nach Amrum überzusiedeln. Wie es ab 1892 weiterging, ist dem »Extra-Blatt, Sonderausgabe

zum 100jährigen Jubiläum von Hotel Hüttmann, 1892–1992« zu entnehmen:

»Er erwarb das gerade leer gewordene Schulhäuschen und richtete dort vier Fremdenzimmer und eine Küche ein. Die Familie gab sich mit einem bescheidenen Leben auf dem Dachboden zufrieden. Heinrich Hüttmann bot sein Häuschen als ›Erstes Hotel am Platze‹ an. Obwohl die ersten Gäste berechtigterweise ent-

* »Öömrang-Hüs«, historisches, reetgedecktes Friesenhaus in Nebel. Museum.

4/5 Million Stück Austern

Fremdenzimmer anno dazumal

»Amrum ist ein südwestlich von Föhr liegendes, mageres, dünenreiches Eiland, welches (...) 1¼ Meilen Länge, 1/4 Meile Breite und 1/3 Quadratmeile Fläche, 1 Kirche, 2 Schulen, 3 Dörfer, viele Sandbänke und Austernbänke ringsum die Insel und ca. 600 Einwohner hat. Die Männer sind fast alle Seefahrer, treiben Fischfang, Küstenfahrt, Austern- und Robbenfang. Der Austernfang jedoch beschäftigt jetzt nur 9 Fahrzeuge dort, liefert 6–700 Tonnen oder fast 4/5 Million Stück Austern jährlich. (...) Zur Ausfuhr liefert die Insel außer Austern: Kaninchenfelle, einigen Roggen und Dachstricke, welche die Einwohner aus dem Dünengrase drehen. (...)«

(Aus: »Chronik der Friesischen Uthlande« von C.P. Hansen in Keitum auf Sylt. 2. Auflage; 1877.)

täuscht waren, denn sie erwarteten ein nobles Haus, wurden sie doch zu treuen Stammgästen. Schon damals gab sich das Ehepaar Hüttmann außerordentliche Mühe, um für das Wohlbefinden der Gäste zu sorgen.«

Heute sind der Hotelkomplex und die zugehörigen Restaurants Hüttmann in Norddorf eine »erste Adresse«. Motto: »100 Jahre Familientradition verpflichten.«

Kurs Langeneß

Vom Festland-Fähranleger Schüttsiel rüber nach Hallig Langeneß ist es – eigentlich – nur eine kurze Strecke. Wenn die Fähre geraden Kurs nehmen könnte. Kann sie aber nicht. Aufgeschlickte Watten und Sandbänke sind im Wege. So muß MS »Hilligenlei« der Wyker Dampfschiffahrts-Reederei mit ihren 1,80 Metern Tiefgang einen großen Bogen fahren, Langeneß gewissermaßen »von hinten« ansteuern. Und zur Ebbezeit trotzdem vorsichtshalber teilweise auf »Langsame Fahrt« gehen, damit die oft schmale Fahrrinne exakt eingehalten wird. An manchen Stellen markieren Pricken,* diese noch immer typischen Seezeichen des Wattreviers, den Weg. Der weite Ansteuerungsbogen wird ausgenutzt zum Halt an der Hallig Hooge, die »am Weg liegt«. Dann weiter nach Langeneß, zum Fähranleger Rixwarft, im äußersten Südwesten der Hallig. Fahrtdauer 1 Stunde 45 Minuten. Zumindestens in den touristischen Saisonzeiten

* Pricken: Etwa drei bis fünf Meter lange, junge, biegsame Birkenstämmchen, deren Zweige vorher entfernt sind. Sie werden in die Priel- oder Wattstromböschung gesteckt. An der Spitze ist vielfach ein »umgedrehter« Reisigbesen befestigt.

Auf Hallig Langeneß

werden die Reisenden mittels Bordlautsprecher informiert. Über Halligen und Inseln, über Größen und Einwohnerzahlen, über mancherlei Besonderheiten. Zum Beispiel darüber, daß der Pastor von Langeneß auch zuständig ist für die Halligen Gröde und Oland. Nach Gröde, so die Bordansage, setzt der Pastor per Schiff über. Nach Oland mit der Lore auf dem niedrigen, schmalen Lorendamm, der Langeneß mit Oland verbindet. Vorausgesetzt, der Lorendamm ist nicht überspült, was bei hochauflaufender Flut durchaus geschieht.

Langeneß – Zahlen und Fakten*

Noch vor 100 Jahren bestand die Hallig Langeneß aus den drei Halligen: Langeneß, Nordmarsch und Butwehl. Durch Dammbauten wuchsen sie zur heutigen Hallig zusammen.

Länge: knapp 10 Kilometer

Breite: zwischen 1 Kilometer und ca. 2,5 Kilometer

Langeneß ist die größte nordfriesische Hallig.

Kein geschlossenes Dorf. 18 bewohnte Warften, verteilt über die gesamte Länge der Insel.

Einwohner (im Jahre 2000): 116

Halligschule (Grund- und Hauptschule) mit 9 Schülerinnen/Schülern (Stand 2002).

Landwirtschaft (Stand 2000):

Haupterwerb 2 Betriebe

Nebenerwerb 3 Betriebe

Gästebetten im Jahr 2000 (zusammen mit der per Lorendamm verbundenen Hallig Oland): 328 (mitgerechnet sind die Plätze der Jugend- und Freizeitlager).

Kein Campingplatz.

Kirche auf der Kirchwarft.

Halligkaufmann auf der Hunnenswarft.

Fremdenverkehrsbüro auf der Ketelswarft, Tel. 04684-217.

Schutzstation Wattenmeer auf der Peterswarft.

* Angaben u.a. entnommen aus »Flaschenpost 2002«, Infoschrift der Gemeinde Langeneß & Oland und aus der touristischen Infoschrift »Die Halligen Langeneß und Oland«, herausgegeben vom Fremdenverkehrsbüro für die Halligen Langeneß und Oland.

Halligflieder

Im Juli blüht auf Langeneß der Halligflieder, von den Einheimischen Bondestave genannt. Eine violette Pracht! Wer von dem Fähranleger Rixwarft nur wenige Schritte auf Warft Hilligenley zugeht, dann aber gleich links ab den schmalen Fußpfad Richtung Leuchtturm wählt, erlebt die wunderbare Halligfliederwelt in großflächigen Beständen. Dazwischen der silbrig-helle Strandbeifuß. Wer genauer hinsieht, entdeckt in kleinen Kolonien die hübschen roten Blüten des Milchkrauts, auch eine typische Salzwiesenpflanze. Übrigens: Der Halligflieder ist geschützt, weil die Blütenstände früher übermäßig für Trockensträuße gepflückt wurden.

Auf Langeneß blüht der Halligflieder

Hallig-Friesentracht von 1689

Heinke Andresen und Helga Praeger in Halligtracht von Langeneß auf dem Friesentag 2002 in Niebüll

Auch Heinke Andresen und Helga Praeger waren auf dem Jubiläums-Nordfriesentag 2002 in Niebüll. Natürlich in Tracht, in Halligtracht. Boy-Peter Andresen, Bürgermeister der Gemeinde Hallig Langeneß/Oland, hat dem Autor Einzelheiten zur Tracht mitgeteilt. Mit einem Schreiben* dieses Inhalts:

»Hallig-Friesentracht von 1689

Von Frau Henny Schwennesen, geb. Petersen, Hallig Gröde, als Erbschaft an die Gemeinde Langeneß! Der Brustschmuck besteht aus Brustlatz und Brustkette, Mallien und Schnürkette, 2 Münzen und einer Ehemedaille mit der Inschrift ›MEIN GLÜCK IN GOTTES HAND‹.

Wenn unsere Halligtracht auch im Museum zu besichtigen ist, so ist sie zum Glück doch noch kein Museumsstück. Sie wurde und wird bis heute getragen. Wenn auch nicht mehr täglich, so doch zu Familienfeiern und besonderen Anlässen. Bereits Cateryne Knudtsen von Hilligenley, gest. 1604, ist in einer Halligtracht auf ihrem Grabstein abgebildet. Auch diese Trachten waren zeitmodisch beeinflußt. Auf einem Ölgemälde aus dem Jahre 1745 sieht man Marina Jacobs in einer Halligtracht mit silbernen Mallien (Haken), über welche eine 7 bis 8 Ellen lange Kette hin und her gezogen ist, woran verschiedene Medaillen und silberne Schaustücke hängen.

Durch den Walfang, der um 1600 begann und bis Mitte des 19. Jahrhunderts dauerte und an der fast die gesamte männliche Bevölkerung der Hallig teilnahm, stellte sich wirtschaftlicher Wohlstand ein. Man konnte es sich leisten, die Trachten noch umfangreicher mit Silberschmuck auszustatten.

Mit der Zeit fand eine Angleichung an die Amrumer und Föhringer Trachten statt.

Heute sind auf der Hallig Langeneß noch 15 Familien in Besitz einer Friesentracht.

Somit können wir hoffen, daß auch in Zukunft unsere Tracht als ein fester Bestandteil im Halligleben gesichert ist.

gez. Boy-Peter Andresen.«

Bleibt nachzutragen: Die vorgenannte historische Halligtracht der Henny Schwennesen ist im Museum auf der Ketelswarft auf Hallig Langeneß ausgestellt und zu betrachten.

* Schreiben vom 8. Oktober 2002

Inseln und Halligen

Auf Hallig Hooge

Wer vor Ort eine Hallig als Insel bezeichnet, »outet« sich als Unwissender. Gästen aus Regionen deutlich südlich der Elbe wird es verziehen. Das erste und einzige Mal.

Dabei sind Halligen durchaus Inseln. Jedenfalls, wenn die Definition gilt: Insel ist festes Land, das rundherum von Wasser umgeben ist. Im Nordfriesischen jedoch wird unterschieden – Insel hier, Hallig dort. Etwa so:

Inseln sind durch Steilküsten oder hohe Dünenketten, insbesondere aber durch Landesschutzdeiche gegen die See abgeschirmt. Profil, Höhe und Stärke dieser Außendeiche sind so berechnet, daß sie auch kräftigsten Sturmfluten und höchsten Wasserständen trotzen (Irrtum im extremen Ausnahmefall vorbehalten). Halligen hingegen sind unbedeicht, ungeschützt. Eigentlich. Und das seit Jahrhunderten. Die See, die einst die Halligen geschaffen hat, war dabei, sie wieder zu nehmen. An den niedrigen, ungeschützten Halligkanten nagte die Erosionskraft jeder Flut. Sturmfluten führten nicht nur zu häufigen Überschwemmungen der Halligen, zu »Landunter«, sondern auch zu erheblichen Landabbrüchen, Landverlusten. Um 1640 war – zum Beispiel – Hallig Hooge etwa 1440 Hektar groß, heute sind es nur noch rund 560 Hektar. Um ein völliges Verschwinden der Halligen zu verhindern, wurden zum Teil Steinkanten gesetzt und – wie auf Hooge – ein sogenannter Sommerdeich errichtet. Sommerdeiche sind deutlich niedriger und weniger stark als die Landesschutzdeiche, die »Winterdeiche« der Inseln und der Festlandküste. Hooge wird jetzt durch den Sommerdeich bis zu einem Wasserstand von 1,50 Meter über dem Mittleren Tidehochwasser

Von der Hallig (oben) tauchen zuerst die Warften auf

(MTHW) gegen Überflutung geschützt. Läuft bei heftiger Sturmflut das Wasser höher auf, meldet auch Hooge wieder »Land unter«. Das geschieht – viel seltener als vor dem Bau des Sommerdeiches – durchschnittlich noch immer einige Male im Jahr.

Und deshalb ist Hooge auch weiterhin eine Hallig, keine Insel! Eine Hallig, auf der die Häuser wie zu allen Zeiten dicht gedrängt auf Warften stehen. Warften,* die nach der schlimmen Sturmflut vom 16./17. Februar 1962 noch erhöht oder mit einem ergänzenden Ringdeich versehen wurden.

* Auch Werften sowie in alten Unterlagen z.T. Werfen genannt.

Hallig Hooge

Wer sich von See der Hallig nähert, sieht diese lange Zeit nicht. Zu niedrig ist das Land, zu wenig ragt es aus dem Meer. Die Warften mit den Häusern darauf sind dann als erstes auszumachen. Wie eigene kleine Inseln in der Weite des Wassers. Punkte in der See. Später erst ist – als gerader Strich – die Halligkante zu erkennen.

Hallig Hooge – rund 5,6 Quadratkilometer klein, grünes Weideland, von Prielen durchzogen. Und absolut eben. Im Wortsinn: überschaubar. Rundherum ist Nordsee und sie ist immer ganz, ganz nah. Manchmal, wenn »Land unter« ist und die Hallig »blank läuft«, noch viel näher. Dann ist Hooge sozusagen abgetaucht und nur die neun bewohnten Warften ragen wie einzelne Inseln knapp aus dem Meer.

»Königin der Halligen«

Die Zeiten, in denen die meisten Männer von Hooge - notgedrungen, das heißt, zwecks Sicherung des Lebensunterhaltes für sich und die Familie - zur See fuhren, sind vorbei. Auch die Viehwirtschaft (Ackerbau wurde wegen wiederkehrender Überflutungen nicht betrieben) reicht allein nicht mehr aus, um »durchzukommen«. Aber es gibt ja nun die Touristen. Hooge lebt vom Fremdenverkehr. Hallig Hooge ist anerkannter Erholungsort, mitten im Wattenmeer. Und, nach eigener (Werbe-)Aussage, die »Königin der Halligen«. Hinsichtlich dieser Einschätzung können die Hooger sogar auf inhaltlich fast gleichlautende, unparteiische, inzwischen historische Beurteilung verweisen. Hennig Oldekop schrieb in seiner »Topographie des Herzogtums Schleswig« im Jahre 1906: *»Hooge gilt als die schönste und wertvollste Hallig.«*

Hooge, die saubere Hallig:
Autofrei dank 2-PS-Bus und Fahrrädern (unten),
und natürlich frisch gewaschen (oben)

Die Gäste kommen. Die einen, um hier gewissermaßen mitten in der Nordsee Urlaub zu machen. Die anderen als Tagesgäste für ein paar Stunden. Sämtlich per Schiff. Und sämtlich ohne Auto. Hooge ist grundsätzlich autofrei. Das gilt auch für Wohnwagen. Einen Campingplatz gibt es nicht. Der Touri-Transport auf der Hallig erfolgt per Pferde-Omnibus. Am Fähranleger warten auch Mengen von Leihfahrrädern. Außerdem: Hooge ist klein genug, um alles gemütlich per Pedes abzulaufen.

Wer nicht nur für ein paar Ausflugs-Stunden bleibt, erlebt dieses: Abends, wenn das letzte Schiff abgelegt hat und damit auch die letzten Tagestouristen abgereist sind, tritt Ruhe, Stille ein. Nur die Rufe der Vögel sind zu hören und der Wind. Friedliche, einsame Abendstimmung. Hallig-Stimmung.

Hallig Hooge im Jahre 1854

»Hooge, Hallig in der Westsee, ½ Meile nordwestlich Pelworm. (...) Diese Hallig, welche etwas höher als die anderen Halligen ist und daher so benannt wird, hat eine Länge von ½ Meile und ist an einigen Stellen 4000 Ellen breit. Vormals war Hooge ein mit dem alten Nordstrand zusammenhängendes Kirchspiel, einen großen Theil desselben zerstörte aber die Fluth im Jahre 1362 und es entstand diese Insel; das Wasser zwischen Hooge und Pelworm ist aber noch so flach, daß man während der Ebbe von einer Insel zur anderen gehen kann. Die Häuser liegen auf hohen Werften; gegenwärtig sind außer der Kirchhofswerft hier noch 9 bewohnte: Westerwerf, Ipkenswerf, Volkertswerf, Lorenzwerf, Mitteltritt, Okkelützwerf, Bakkenswerf, Okkenswerf und Hauswerf. Eine Mühle liegt nördlich der Kirche. – Die Insel hat im Laufe der Zeit sowohl an Größe als an Einwohnern sehr abgenommen. Noch im Jahre 1794 waren hier 14 Werfen, von denen einige mit 20 Häusern bebaut waren und 480 Einwohner. Vor der Fluth 1825 zählte man 100 Häuser und 393 Einwohner. Jetzt sind hier 70 Häuser und 250 Einwohner. (...) Ein eigenes Schulhaus ist hier nicht; der Schullehrer muß für ein passendes Lokal sorgen. Vormals waren die Einwohner wohlhabend, welches sie allein der Schifffahrt verdankten; in der letzten Hälfte des vorigen Jahrhunderts zählte die Insel noch über 100 Seefahrende (...); jetzt ist die Zahl der Seefahrenden sehr geringe. – Die Viehzucht welche jetzt der Haupterwerbszweig der Einwohner ist, liefert nur einen spärlichen Ertrag. (...) Zwischen Hooge und Pelworm geht eine Königl. Fähre.«

(Aus: »Topographie des Herzogthums Schleswig« von Johannes von Schröder. 2. Auflage. 1854).

Halligkirche

Auf Hallig Hooge. Das Pastorat ist größer als die unmittelbar daneben stehende Kirche. Und manche Teile der Kirchenausstattung sind um zehn Jahre älter als das Kirchengebäude selbst. Ungewöhnlich. Auf Halligen ist eben manches anders als auf dem Festland. Aus diesem oder jenem, aber immer aus gutem Grund.
Gebaut wurde Hooges kleine Halligkirche in den Jahren 1637/42. Also wenige Jahre nach der verheerenden Sturmflut von 1634, der großen »Manndränke«, in der Alt-Nordstrand zerrissen wurde, in großen Teilen unterging. Auch die zehn Jahre zuvor, anno 1624, gebaute Kirche von Osterwohld auf Alt-Nordstrand wurde in der 1634er Sturmflut zerstört. Aus ihrem Material, aus geborgenen Backsteinen, wurde die Kirche auf Hooge errichtet. Gerettete Inventarteile kamen ebenfalls nach Hooge. Zum Beispiel das Gestühl mit den beschnitzten Wangen, die Holztaufe, vermutlich auch die Kanzel. Die geschnitzte Kanzeltür mit dem Walfisch wird allerdings auf das Jahr 1743 datiert. Der Genauigkeit wegen: Die Westwand der Hooger Kirche stammt

Der Glockenstapel auf der Kirchwarft (links) und ein Blick in die Hooger Halligkirche

aus dem Jahr 1825. Das Ursprungsmauerwerk war in der Sturmflut desselben Jahres zertrümmert worden.
Das kleine, reetgedeckte Kirchlein von Hooge mit der gemütlichen Holzbalkendecke vermittelt im Innern ein Gefühl von Ruhe und Geborgenheit.
Einen Kirchturm gibt es nicht. Die Glocke hängt im freistehenden »Glockenstapel«, bestehend aus vier kräftigen Ständerbalken, die geschützt werden von einem sechsseitigen Helm. Auf dessen Spitze blinkt golden ein Wetterhahn - wie auf einem großen Kirchturm.

Kirchwarft Hooge:
links das Pastorat, rechts die (kleinere) Kirche

»Königspesel«

Nach der verheerenden Februarsturmflut 1825, durch die auf Hallig Hooge 25 Menschen ihr Leben verloren und enorme Verluste an Hab und Gut eintraten, kam der König, um sich ein Bild zu machen von den Schäden. Er reiste nicht unmittelbar nach dem schrecklichen Ereignis an, sondern fünf Monate später, am 2. Juli. Diese zeitliche Verzögerung ist verständlich. Einerseits, weil so ein König ja viel zu tun hat. Andererseits ist das Wetter im Juli in der Regel angenehmer als im Februar. Immerhin, er kam, der König Friedrich VI., der dänische. Mitsamt einigen Mitarbeitern, wie Hofmarschall, einem Kammerherrn und dergleichen. Vom nahen Pellworm war man herübergesegelt und wollte auch am selben Tag retour. Aber der Wind briste aus Nordwest heftig auf, die Rückfahrt wurde verschoben, auf den folgenden Tag. Folglich mußte der König übernachten. Im besten Haus auf der Hanswarft nahm er Logis. Ein Glücksfall, wie sich später herausstellen sollte. Wird doch dieses Gebäude seither allgemein »Königspesel« genannt. Obgleich der Begriff Pesel nicht ein gesamtes Gebäude, sondern die gute Stube darin bezeichnet. Zur Ausstattung des »Königspesels« hat besagter König nichts beigetragen. Das hatte vorher, ab 1760, Kapitän Tade Hans Bandiks besorgt, der sein neuerrichtetes Haus mit wertvollen holländischen Bildmotivkacheln und vielen kunstvollen Exponaten aus aller Herren Länder ausstattete. Eine Menge Heimatkundliches kam hinzu. Kapitän Bandiks war ein wohlhabender Mann.

Heute ist dieses Gebäude Museum, das – nach Eigenangabe – älteste Privatmuseum Schleswig-Holsteins. Unter dem weithin bekannten Namen »Königspesel«.

Die heutigen Haus- und Museumseigentümer werden – vermutlich – saisontäglich dem König Friedrich VI. posthum danken. Und dem heftigen Nordwest, der am 2. Juli 1825 die königliche Rückkehr verhinderte.

Grüne Insel Pellworm

Hier geht's zum Königspesel

Die grüne Insel

So wird Pellworm genannt: die grüne Insel. So ist die Insel in der Tat: grün. Rund 30.000 der insgesamt 37.000 Hektar Inselfläche werden landwirtschaftlich genutzt. Davon 75 Prozent als Wiesen- und Weideland – und das ist naturgrün. Im Mai sind goldgelbe Tupfen eingesprenkelt: der Raps blüht. Auch die Außen- und Binnendeiche zeigen sich grasgrün, das Vorland salzwiesengrün. Keine »wilden« Dünen, kein heller Sandstrand. Die Häuser vielfach einzeln stehend auf Warften oder in niedriger kleiner Reihe auf Binnendeichen. Es paßt alles zusammen.
Die grüne Insel Pellworm vermittelt dem Besucher das Gefühl von Ruhe und Beschaulichkeit, von friedlicher Welt. Erholsam – im ursprünglichen Sinn.

Pellworm aktuell

Die aktuellen Angaben über Pellworms Größe schwanken – je nach Quelle – zwischen 36 und 38 Quadratkilometern. Vielleicht wird das Deichvorland einmal zugerechnet, das andere Mal nicht berücksichtigt. Egal, einigen wir uns auf den Mittelwert: 37 Quadratkilometer oder 37.000 Hektar.
37.000 Hektar, die absolut flach und eben sind. Die »Höhenlagen« sind in der amtlichen Landkarte* mit 1 Meter unter NN bis 3,3 Meter über NN angegeben. Was dennoch höher herausragt, sind Warften und Deiche. Die Außendeichlinie rund um die Insel beträgt 25 Kilometer. Seedeichhöhe: 8 Meter.

* Kreiskarte Nordfriesland, 1:100.000. Herausgegeben vom Landesvermessungsamt Schleswig-Holstein.

1180 Personen* wohnen ständig auf Pellworm, sind also Pellwormer. Dazu kommen Gäste, Urlauber, Touristen. Hier auch »Einheimische auf Zeit« genannt. So um die zweitausend-und-einige Gästebetten soll es auf Pellworm, dem anerkannten Nordseeheilbad, geben. Privatvermieter dominieren das touristische Angebot. Hotelhochhäuser wurden und werden hier nicht gebaut. Wie angenehm. *»Die weitläufige Insel mit bäuerlichem Charakter und unverdorbener landschaftlicher Schönheit gilt als absoluter Geheimtip«*, schreibt die Kurverwaltung. Zustimmung!

* Quelle: »Pellworm-Magazin 2002«. Herausgegeben von der Kurverwaltung/Zentrale Zimmervermittlung.

Pellwormer Motive

Pellworm historisch

Historischer Fething auf der Tammwarft

Genau genommen ist die Insel Pellworm ein Reststück. Jenes einst viel größeren »Uthlandes« in und an der Nordsee. Bis zur »Großen Manndränke«, der Sturmflut des Jahres 1362, gehörten Pellworm, das heutige Nordstrand, die Hamburger Hallig und die Hallig Nordstrandischmoor – nebst dem vielen Land dazwischen, davor und daneben – zu einem zusammenhängenden Landgebiet. Auch das sagenumwobene Rungholt gehörte dazu, ist damals untergegangen.

Aber noch blieb die große Insel Strand erhalten. Das heutige Pellworm und Nordstrand waren davon Teile. Die alles verheerende Sturmflut vom 11. Oktober 1634 zerstörte in einer Nacht den größten Teil dieser zuvor reichen Marscheninsel. 6000 Einwohner ertranken.

Auf Pellworm, seit der 1634er-Flut endgültig eine eigenständige Insel, begannen die Arbeiten zur Wiederherstellung der Deiche für das verbliebene Land alsbald. Bereits 1637 war für vier Köge eine gemeinsame Seedeichlinie hergestellt. Im Laufe der folgenden fünfzig Jahre konnten sechs weitere Pellwormer Köge nach und nach eingedeicht werden. Damit hatte Pellworm schon um 1687 seine heutige Form im wesentlichen gefunden. 1798 kamen noch der Ostersielkoog und, als nordöstlichste »Ausbuchtung«, im Jahre 1938 der Bupheverkoog hinzu.

Der Turm der Alten Kirche

Es ist die imposanteste, markanteste und auch schönste Ruine des gesamten Landes Schleswig-Holstein: der Turm der Alten Kirche auf Pellworm. Richtiger gesagt: der Rest dieses einst viel höheren Backsteinbauwerkes. Im 13./14. Jahrhundert soll der Turm gebaut worden sein, damals 52 Meter hoch. Wohl nicht nur als reiner Kirchturm, sondern zugleich auch als Wehrturm, Zufluchtsort und weithin sichtbares Seezeichen, Wegweiser für Schiffer und Fischer. Im 15. Jahrhundert hat der aus Dithmarschen stammende Seeräuber Cort Wiederich zeitweise im Turm gehaust.*
Mit Staunen und Ehrfurcht steht man vor dem mächtigen Mauerrest, der ahnen läßt, welch große Kirche hier damals errichtet worden ist. Dabei ist das, was - 26 Meter hoch - noch steht, nur die Westmauer des einstigen Turmes. Die anderen Teile sind 1611 eingestürzt und haben das damalige Kirchenschiff teilweise zerstört.

* Quelle: »Kleiner Führer durch die Alte Kirche zu Pellworm« von Pastor Manfred Karl Adam.

Der Turmrest der Alten Kirche von Pellworm

Herausragend

Drei Bauwerke sind auf Pellworm herausragend - im Wortsinn. Erstens im Süderkoog der 1907 erbaute Leuchtturm, dessen Höhe 41,5 Meter über dem Gelände beträgt. Und der ein maritimes Schmuckstück ist. Zweitens die schöne Nordermühle auf dem Deich bei Waldhusen. Der hohe Bau auf hoher Lage war notwendig, damit die Flügel der Mühle immer genügend Wind erhielten. Drittens der berühmte Turm der Alten Kirche, der zugleich Seezeichen war und deshalb weit sichtbar sein mußte.

*»Herausragendes« auf Pellworm:
Leuchtturm im Pellwormer Süderkoog (links außen),
der Turm der Alten Kirche (links)
und die Nordermühle*

Lorenfahrt

Will ein Bewohner der Hallig Nordstrandischmoor auf's Festland – vielleicht zwecks Behandlung beim Zahnarzt oder zum Einkauf von Kleidung – besteigt er eine Lore, startet den Motor und tuckert über den Lorendamm nach Lüttmoorsiel. Je nach Stand der Tide ist während der Überfahrt links und rechts neben dem schmalen, niedrigen Verbindungsdamm entweder blankes Nordseewasser oder graues Watt. Bei hochauflaufender Sturmflut ist der Damm überspült und nicht passierbar. Dann muß die Zahnarztbehandlung verschoben werden. Und auch der Textileinkauf oder was sonst auf dem Festland zu erledigen wäre.

In Lüttmoorsiel, dem Festlandspunkt des Lorendammes, gibt es keinen Zahnarzt, kein Textilgeschäft oder dergleichen. Es muß also weiter gereist werden. Nach Bredstedt oder in die Kreisstadt Husum.

Über den Lorendamm – ausschließlich von Loren zu befahren, nicht zu begehen – wird alles transportiert, was auf Nordstrandischmoor benötigt wird. Wirklich alles. Außer Wasser und Strom. Seit 1975 ist diese Hallig an das Festlandsnetz für Elektrizität und Trinkwasser angeschlossen. Bis dahin – und das ist erst 30 Jahre her – wurde auf Nordstrandischmoor Regenwasser gesammelt.

So entstand Nordstrandischmoor

»Die heutige Hallig Nordstrandischmoor ist der Überrest des im Jahre 1634 infolge seiner höheren Lage von der Flut nicht überschwemmt gewesenen, inmitten des alten Nordstrand gelegenen ›Wüsten Moores‹. (...) Die Bewohner dieser Hallig (...) sind Nachkommen der alten nordstrander Friesen, die im Jahre 1634 durch die Flut von Haus und Hof vertrieben wurden und wenig mehr als das nackte Leben retteten. War das Wüste Moor auch der unwirtlichste und unfreundlichste Flecken Landes innerhalb der Deiche des alten Nordstrandes, so war es doch seiner hohen Lage wegen oft eine Zufluchtstätte in Wassernot gewesen und man hatte hier die Zeit der Ebbe abgewartet, in welcher die Köge nicht mehr blank und die Warften nicht mehr jede für sich eine Hallig waren. Als aber nach der Überschwemmung von 1634 die Köge blank und die einzelnen Warften Halligen blieben und die armen Leute keinen Ausweg sahen, die zerstörten Deiche wieder aufzubauen, beschloß eine Anzahl von Familien, sich auf dem Moor niederzulassen.«

Der Lorendamm nach Nordstrandischmoor und eine Lorenfahrt von der Hallig zum Festland

(Aus: »Das Wasserwesen an der schleswig-holsteinischen Nordseeküste« von Professor Friedrich Müller. Erster Teil: Die Halligen. Band II. 1917).

Nordstrander Gedanken

Wer von Husum kommend über den drei Kilometer langen, hochwasserfreien Straßendamm nach Nordstrand fährt, erreicht auf der Insel zuerst den im Osten gelegenen Pohnshalligkoog. Das ist allerschönstes grünes Inselland, mit gepflegten Straßen und freundlichen Häusern – so wie auf ganz Nordstrand üblich. Und doch war hier vor rund 80 Jahren noch Watt und Vorland, konnte die Nordsee ungehindert ein- und ausfluten. Erst 1925 wurde der entstandene Anwachs eingedeicht, entstand der Pohnshalligkoog. Auch der anschließende Morsumkoog – fast schon in der Inselmitte gelegen – ist verhältnismäßig jung. Seine Eindeichung, seine Wiedergewinnung, erfolgte 1887.

Im kleinen Hafen Strucklahnungshörn

Das alles erinnert an die verheerende Sturmflut von Oktober 1634, als das alte »Strand« unterging, alle Deiche brachen, das Land verwüstet wurde, Menschen und Vieh umkamen. Das heutige Nordstrand ist ein wiedergewonnener Teil der ehemals großen Insel Strand, auch Alt-Nordstrand genannt. Erst nach und nach konnte Nordstrand damals wieder entstehen, verbliebenes Land oder neuer Anwachs eingedeicht werden. Die Jahreszahlen der Eindeichungen der Nordstrander Köge lauten: 1654, 1657, 1663, 1691, 1737/39 und – wie vorstehend geschildert – 1887 und 1925.

Nordstrand heute: 2700 Einwohner und viele, viele Gästebetten, 28 Kilometer Außendeich, Seeheilbad, grüner Strand, weites Watt, hoher Himmel – und die Nordsee. Häuser auf und hinter dem Deich. Der Fährhafen Strucklahnungshörn. Bei Fuhlehörn beginnt der Wattenweg nach Hallig Südfall.

Und eigentlich wurde Nordstrand inzwischen zur Halbinsel. Seit der Anwachs, das Vorland, beiderseits des Straßendammes immer breiter wird. Erst recht, nachdem die Nordstrander Bucht 1987 vorgedeicht wurde, von Nordstrand hinüber bis zum Sönke-Nissen-Koog auf dem Festland.

Häuser hinterm Deich

Nordstrander Deichschafe

Ebbe und Flut

Ebbe und Flut, auch die Gezeiten genannt, sind ein Wunder der Natur und des Kosmos. Experten können genau erklären, wie das alles zustande kommt. Mit den Vokabeln wie Gravitationskraft, Zentrifugalkraft im Erde-Mond-System, mit der Resultierenden aus dem einen zum anderen, mit vertikalen und horizontalen Kraftanteilen. Und so fort. In Kurzform: Die Massenanziehung des Mondes und der Sonne in Verbindung mit der Erdumdrehung lassen diese wiederkehrenden Wasserstände, die Tiden, entstehen.

»Hauptschuld« hat eindeutig der Mond. Seine Anziehungskräfte wirken am stärksten auf die Wassermassen der Weltmeere ein. So richtet sich die Dauer einer Tide, bestehend aus einer Flut und einer Ebbe, in der Nordsee auch nicht nach der Erde, sondern nach Mondtagen. Eine Tide dauert im Mittel eine halben mittleren Mondtag. Das sind 12 Stunden, 25 Minuten. Zwei Tiden ergeben somit 24 Stunden, 50 Minuten, also etwas mehr als einen Erdentag. Weil das so ist, verschieben sich die Tidenzeiten von Tag zu Tag. Die werden vorausberechnet und in Jahrestidenkalendern veröffentlicht. Und zwar differenziert nach den verschiedenen Küstenorten der Nordsee, da neben den astronomischen Fakto-

Trockengefallener Kutter bei Ebbe und Priel bei ablaufender Flut

ren auch die geographische Lage des Ortes und die Topographie des vorgelagerten Meeresgrundes zu berücksichtigen sind.

Stehen Sonne, Mond und Erde in einer Linie – alle 14 Tage bei Neu- und bei Vollmond – addieren sich die Wirkungskräfte erheblich. Eine Springtide mit deutlich höheren Flutständen ist die Folge. Aber es dauert, bis sich die Gezeitenwelle vom Atlantik bis zur Nordsee vorgearbeitet hat. Hier trifft die Springtide erst mit dreitägiger Verzögerung ein. Kommt zur Springtide anhaltend kräftiger Sturm aus westlichen Richtungen, ist eine Sturmflut garantiert.

Nipptide mit niedrigerem Flutstand als normal tritt – nach drei Tagen – ein, wenn (von der Erde aus gesehen) Sonne und Mond zueinander im rechten Winkel standen.

Dem guten alten Mond da oben sei jedenfalls sehr herzlich gedankt. Dafür, daß er uns an der Nordseeküste (fast) zweimal täglich eine Tide mit Ebbe und Flut beschert, dieses großartige Schauspiel der Natur, das Staunen lehrt.

Faszination Watt

Das Watt, dieses einzigartige, immer wieder faszinierende »Meer-Land«. Eben noch Land - jetzt Meer. Eben noch Meer - jetzt Land. Im immerwährenden Rhythmus, im Wechsel der Gezeiten. Bei Ebbe auf trockengefallenem Meeresboden spazierengehen, dort, wo noch vor wenigen Stunden die Nordsee meterhoch stand, ist immer wieder ein Erlebnis besonderer Art. Durchaus real. Und doch - im Empfinden - auch irgendwie ein wenig »unwirklich«.
Endlos scheint das Watt zur Zeit der vollen Ebbe. Wasserreste glitzern in der Sonne. Das abfließende Wasser hat Rippeln geformt, in unterschiedlichen Mustern, je nach Fließgeschwindigkeit und Bodenstruktur. Weiß leuchten, besonders an Prielkanten, Muschelschalenfelder.

Durch Priele fließt noch immer Wasser ab, hin zur Nordsee, die sich weit zurückgezogen hat. Bis jetzt, etwas mehr als sechs Stunden lang. Nun aber ist der absolute Niedrigwasserstand erreicht. Die Flut setzt ein, die Nordsee kommt zurück, schiebt sich unaufhörlich Meter für Meter über den Wattenboden Richtung Küste, steigt und steigt. Zeit für den Wattenwanderer, das sichere Ufer zu erreichen.
Wattwanderungen beginnt man bei ablaufendem Wasser. »Mit dem Wasser rausgehen, nie umgekehrt«, sagen die Einheimischen. Wichtig: den Tidenkalender exakt kennen und beachten. Niemals bei Nebel oder Nebelwarnung ins Watt gehen. Außerdem: Kommt zur Springtide anhaltend kräftiger Westwind, gar Sturm, steigt die Flut schneller und höher.
Empfehlenswert: Geführte Wattwanderungen mit konzessionierten Wattführern.

Mit Kind und Kegel

Das war vermutlich Familienbeschluß. »Auch unser Jüngstes soll Nordseeluft aus allererster Hand bekommen.« Und also machte man sich bei einsetzender Ebbe auf den Weg zur Wattwanderung. Mitsamt Kinderwagen. Den durch's noch reichlich feuchte Watt zu schieben, war beschwerlich. Merke: Nordseewatten sind keine Pflasterstrecken. Deshalb – sportliche Anerkennung!

Faszination Watt:
Die Weite, die Einsamkeit,
die Muster im Sandboden...

Vogelwelten

Brütender Austernfischer

Die einen bleiben das ganze Jahr. Andere sind Gäste des Sommers. Wieder andere kommen »auf Besuch«, als Durchreisende im Frühjahr und Herbst.

Sie alle zusammen bilden die einzigartige Vogelwelt des Wattenmeeres und des angrenzenden Landes: Möwen und Seeschwalben, Austernfischer, Säbelschnäbler und Rotschenkel, Wildenten und Wildgänse verschiedenster Arten, Knutts und Brandgänse. Und viele andere.

Zur Zeit des Vogelzuges im Frühjahr und Herbst kommen Vogelkundler und Vogelinteressierte aus aller Welt an die nordfriesischen Küsten. Und die »Ringelganstage« sind inzwischen touristische Highlights.

Brandgans

Wildgänse

Botanisches Unikum

Der Queller ist die Pionierpflanze der Verlandung im Watt und Vorland. Und er ist ein botanisches Unikum. Kleine, aufrechte Stengel mit wenig Verästelungen, ohne erkennbare Blätter, bilden Formen, die an kleine Säulenkakteen erinnern. Wie jene, ist der Queller sukkulent. Der Begriff steht im Botanischen für saftvoll, fleischig. So fühlen sich die Quellerstengelchen auch an. Darin speichert die Pflanze (Süß-)Wasser. Genau so wie die Kakteen in Steppen und Wüsten. Der »Verzicht« auf erkennbare Blattmasse reduziert die Verdunstung. Auch wie bei Kakteen. Der Queller kann noch mehr. Er ist – sagen die Botaniker – außerdem »halophil«, das heißt: salzliebend. Zum Keimen und Wachsen benötigt er einen gewissen Salzanteil im Boden. Den er an »seinen« Standorten findet.

Im Herbst färbt sich der Queller, an den Stengelspitzen beginnend, braun-rot. Flächen mit dichtem Quellerbestand bilden dann ein besonderes Farbenschauspiel der Natur.

Vorland

Oben: *Blick aufs Vorland*

Links: Queller im Herbst

Vorland – so nennen es treffend die Einheimischen. Land vor dem Deich, vor dem »letzten« Außendeich. Land also, das die Nordsee durch Aufschlickungen und Ablagerungen geschaffen hat und das durch Anwachs »grün« wurde. Das jüngste Land dieser Erde überhaupt, sozusagen »jungfräulich«.

Diese Außendeichflächen sind ungeschützt. Die Nordsee hat »freien Zutritt«. Bei normalen Flutständen mit ein- und ausfließendem Wasser in den Prielen – im Rhythmus der Gezeiten. Bei höher auflaufender Flut über das Land hinweg. Mächtige Kräfte wirken bei Sturmfluten. Dann schafft die Nordsee nicht nur neues Land, dann nimmt sie auch wieder. Und gestaltet um: Abtrag hier, Aufschlickung dort. Vorland – eine eigene Welt.

Rotschenkels Mittagstisch

Ebbezeit. Der Vorlandgraben ist trockengefallen. Nur hier und dort blinken noch Wasserreste im Sonnenlicht. Der Grabenboden ist modderwattweich. So weich, daß sogar der vogelleichte Rotschenkel mit seinen hohen Stelzenbeinen an manchen Stellen ein wenig einsinkt. Das stört ihn nicht. Im Gegenteil. Es ist genau das richtige Terrain zur Futtersuche. Langsam, Vogeltritt für Vogeltritt, stolziert er voran. Und stöbert mit langem Schnabel treffsicher Würmer, Mollusken, Mini-Krebse und anderes Getier auf. Der Rotschenkel-Mittagstisch scheint reich gedeckt. Vom stillstehenden Betrachter ganz in der Nähe läßt er sich nicht stören. Hin und wieder riskiert er einen Blick, konstatiert wohl: »keine Gefahr« und stochert weiter mit spitzem Schnabel im Modder-Watt.

Rotschenkel auf der Futtersuche

Strandauswahl

In Sachen Strand bietet Nordfriesland die absolute Auswahl: Sandstrand, Sandbänke, Dünen. Also Strand in hellem Weiß. Und für jene, die Sand, fest oder locker, als Liegeunterlage weniger schätzen, auch den »grünen Strand«, sprich: gepflegter Rasen am Außendeich.
Mehr Strand geht nicht.

»Grüner Strand«...

... und »Heller Strand«

Nicht-Saison gibt es nicht

Auch Nordfrieslands Kurdirektoren, Fremdenverkehrsvereinsvorsitzende und Tourismusmanager unterscheiden zwischen Vor-, Haupt-, Neben-, Nachsaison. Oder so ähnlich. Aber: Nicht-Saison gibt es nicht.

Wahr ist, die Nordsee hat immer Saison. Denn - richtig »eingepackt« - ist eine Nordseewanderung an der Flutkante auf der Sandbank, auf Wattflächen, immer ein erholsames Naturerlebnis. Auch und gerade an Spätherbst- und Wintertagen.

Spaziergang an der Flutkante

Am Ruttebüller See

Am Ruttebüller See

Im Norden heißt er Rudbøl-Sø, im Süden Ruttebüller See. Logisch: der Nordteil ist dänisch, der Südteil deutsch. Die Grenze verläuft mitten durch den See. Aber die sieht man ja nicht. Und im »grenzenlosen« Europa kümmert's sowieso niemanden. So kann man denn auch von der kleinen deutschen Siedlung Rosenkranz über eine Brücke ohne Paß- oder sonstige Kontrolle rüberspazieren ins dänische Dorf Rudbøl, das dem See den Namen gab. Genau genommen ist der See eine buchtenartige Erweiterung des Flüßchens Wiedau, dänisch Vida. Jedenfalls: Der Ruttebüller See ist ein wahres Schmuckstück in einer stillen Landschaft. Auf dem Wiedaudeich ab Rosenkranz läßt sich spazierengehen bis zur Verlath-Schleuse. Mit den schönsten Ausblicken auf den See und über den See. Wo ein Haubentaucher-Paar seinen Nachwuchs füttert, wo Schwalben pfeilschnell über das Wasser fliegen, am Uferrand Seerosen blühen. Der Angler an der Schleuse hat gerade einen Zander gefangen.

Der »letzte« Koog

1953 war Landgewinnung noch ein Thema. Notwendigerweise! Durch Aufnahme der Vertriebenen aus dem Osten war die Bevölkerung Schleswig-Holsteins von 1,59 Millionen bis 1947 auf 2,68 Millionen angewachsen. Zigtausend heimatvertriebene Bauern aus Ost- und Westpreußen, Pommern und Schlesien hofften hier auf einen Neubeginn.

Im Februar 1953 begannen im Auftrag der Landesregierung die Planungen für die Eindeichung von Vorland südlich des nach Sylt führenden Hindenburgdammes. Bereits im März 1954 konnten die Arbeiten vor Ort anfangen. Ein neuer, 8,7 Kilometer langer Außendeich entstand. Schon am 21. Oktober 1954 erfolgte der Deichschluß. Ein neuer Koog war gewonnen, etwa 1300 Hektar groß.

Fast wäre die Sache noch gescheitert. Eine für die Jahreszeit ungewöhnliche Sturmflut am 16./17. September 1954 zerstörte rund 170 Meter der Deichschlußbrücke, verursachte schwere Schäden an den Transportdämmen, trug große Mengen an Material davon. Ein Bild der Verwüstung! Von »aufgeben« war die Rede. Aber die Deichbauer machten weiter, schafften es, vor den Herbst- und Winterstürmen den Deich zu schließen.

An der »Grenze« zwischen Wiedingharder Neuer Koog und F.-W.-Lübke-Koog

»Fertig« war der neue Koog mit dem Deichschluß, also mit der Fertigstellung des Außendeiches, keineswegs. Entwässern, Straßenbau, Siedlungsbau hießen die wichtigsten Folgearbeiten.

Der Ansiedlungsplan sah wie folgt aus:*

41 bäuerliche Stellen mit einer Betriebsgröße von 23–25 Hektar

15 Deicharbeiterstellen

1 Gastwirtschaft mit Kaufmannsladen

1 Schmiede und Landmaschinenschlosserei.

* Angaben nach »Friedrich-Wilhelm-Lübke-Koog«, erschienen 1979 zur 25. Jahrfeier der Eindeichung des Kooges. Druck- und Verlagshaus Schleswig.

Inzwischen hat sich die Siedlerstruktur im Koog verändert. Weniger landwirtschaftliche Betriebe, dafür mit größerer Hektarzahl. Den Schmied für den Hufbeschlag der Pferde benötigt man auch nicht mehr. Der Kaufmannsladen schloß 1972. Aber die Gastwirtschaft - Gasthof Rentoft-Krug - gibt es noch. Mit einer empfehlenswerten Küche; Spezialitäten: Lamm- und Fischgerichte.

Der 1954er-Deich wird seit 1998 in Abschnitten mit einer geplanten Bauzeit von sieben Jahren - gearbeitet wird nur in den Sommermonaten - erhöht und verstärkt. Weil er, wie die Fachleute sagen, nicht mehr den erforderlichen Sollabmessungen entsprach. Schließlich sollen die 162 Einwohner* des Friedrich-Wilhelm-Lübke-Kooges auch künftig vor dem »Blanken Hans« so sicher wie möglich geschützt sein.

* Stand 31.12.2001.

In den Jahren 1958–1959 konnten die neuen Siedler ihre Stellen nach und nach übernehmen. Einen Namen erhielt der neue Koog auch: Friedrich-Wilhelm-Lübke-Koog. Lübke war zum Zeitpunkt der Planung und Eindeichung des neuen Kooges bis zum 11. Oktober 1954 Ministerpräsident von Schleswig-Holstein. Er starb ab 16. Oktober 1954, fünf Tage vor Deichschluß.

Der Friedrich-Wilhelm-Lübke-Koog war in Schleswig-Holstein die letzte Eindeichung zwecks Landgewinnung. Spätere Bedeichungen - wie der fünf Jahre später fertiggestellte Hauke-Haien-Koog - dienen dem Küstenschutz, der Landsicherung.

Seebüll

Im Jahre seiner Geburt - 1867 - war sein winziger Geburtsort gerade preußisch geworden. Zuvor gehörte das Dorf zum deutschen Herzogtum Schleswig - unter dänischer Oberhoheit. Seit 1920 ist der Ort endgültig reichsdänisch. Mit anderen Worten: Emil Hansen - so heißt der Mann kraft Geburt - stammt aus dem deutsch-dänischen Grenzraum. Im Jahre 1902 heiratete er die dänische Schauspielerin Ada Vilstrup - und wechselte seinen Nachnamen. Er nahm den Namen seines Geburtsortes an: Nolde. Seither: Emil Nolde. Unter diesem Namen wurde der Maler und Graphiker weltberühmt.

Von 1927 an hat Emil Nolde in Seebüll bei Neukirchen in Nordfriesland nach eigenen Entwürfen auf einer Warft das »Nolde-Haus« errichten lassen. Als Wohnung, Atelier, Galerie. Davor der berühmte Noldesche Blumengarten, vom Künstler selbst angelegt. Auf Seebüll ist Emil Nolde nach einem von vielen Höhen und Tiefen begleiteten Leben am 13. April 1956 gestorben.

Im Nolde-Haus befindet sich heute die »Stiftung Seebüll Ada und Emil Nolde«, insbesondere die großartige Nolde-Ausstellung, jährlich wechselnd mit einem Querschnitt durch das Gesamtwerk. Geöffnet ist täglich in den Monaten März bis November. Besucher kommen aus aller Welt. Besonders stark vertreten - neben Deutschen - sind die Dänen. Sie halten - siehe vorstehend - den Emil Nolde als einen der ihrigen - ein wenig jedenfalls.

Der gepflegte Noldesche Staudengarten, gegen rauhe Nordseewinde durch hohe, dichte Reetwände und Hecken geschützt, ist in den Sommermonaten ein Rausch der Farben. Und drinnen im Haus dann - auch - Blumenbilder des Künstlers, wie »Dahlien und Sonnenblumen« (1928), »Blumengarten M« (1922) und »Fuchsschwänze« (1939).

Das Nolde-Haus in Seebüll

Faszination Landschaft

Im Gotteskoog, ganz »oben« in der Wiedingharde. Der Blick über die Ebene, über die Weite einer unverbauten, offenen Landschaft – ungehindert bis zum Horizont.
Nordfriesland in seiner schönsten Form.

Anhalten, sich umschauen

»Man kann leicht hindurchfahren, doch es lohnt sich, in Süderlügum anzuhalten, um sich umzuschauen und zuzuhören«, hat Franz Rickert in einem Beitrag über Süderlügum geschrieben.* Und weiter ausgeführt:

»Süderlügum liegt am Westhang der nördlichen Schleswiger Geest, an einem alten Ochsenwege von Jütland nach dem Süden. (...) Bis zum 16. Jahrhundert bestand Zugang zur See, der im Ortsnamen nachklingt: ›lügum‹ heißt soviel wie ›an den Gewässern‹. Entstanden um etwa 1000 n.Chr., erstmalig urkundlich erwähnt 1177, haben Landwirtschaft, Handel und Handwerk den Weg des Ortes durch eine wechselvolle Geschichte bis heute geprägt. (...)«

Beeindruckender optischer Mittelpunkt von Süderlügum ist die historische Kirche mit ihren weiß geschlämmten Backsteinmauern, den dekorativen, schwarzen Maueranker in Zahlen- und Buchstabenform, dem kleinen Vorbau von 1777. Das vierkantige, hölzerne, freistehende Glockenhaus trägt einen achtseitigen Helm. Ein Schmuckstück ist das backsteinerne Kirchhofs-Südertor von 1760 mit den drei Korbbogentoren, das mittlere größer als die beiden anderen.

* Dem Autor übersandt als Anlage zum Schreiben des Amtsvorstehers Christian Heinrich Petersen vom 21. Juni 2002.

»Von der geschäftigen Unruhe im Zentrum des Ortes« hat Franz Rickert geschrieben. Aber auch: *»Es sind nur wenige Schritte in die Geborgenheit des älteren Ortsbereiches und in die an Impressionen reiche Landschaft.«*
Wer dem Rickertschen Ratschlag vom »Anhalten und Sich-Umschauen« folgt, stellt bald fest: Recht hat der Mann. Süderlügum und die nähere Umgebung mit verwunschenen Mooren, Wald und mit urigen Binnendünen sind lohnende Ziele für mehr als einen Tagesausflug.

Die Kirche in Süderlügum (unten), das Kirchhofs-Südertor (links) und die Giebelseite des Kirchenvorbaus (links unten)

Binnendünen

Dünenlandschaften auf Amrum, auf Sylt, in St. Peter-Ording, also direkt an der Nordsee, das ist »normal«. Aber hier im Binnenland, bei Süderlügum?

41 Hektar groß ist das Naturschutzgebiet Binnendünen Süderlügum. Eine - im besten Sinne des Wortes - eigenartige Landschaft. Hügel, Wellen, Kuppen, bestehend aus feinstem Dünensand, der an offenen, nicht bewachsenen Flanken hell leuchtet, reihen sich aneinander. Dazwischen moorig-feuchte Senken.

Die Wanderung auf schmalen Pfaden durch diese herb-schöne Binnendünenwelt ist ein ganz besonderes Naturerlebnis.

Und so sollen, laut einer hier aufgestellten Infotafel, diese Dünen entstanden sein: Am Ende der letzten Eiszeit, vor ca. 10.000 Jahren, wurden aus den Sandbänken des Urstromtales der Wiedau Dünenfelder am Südrand aufgeweht.

Heidekraut und Glockenheide

Die Düne lebt

lonien der rundblättrigen Glockenblume. Bescheiden daneben zeigt das Berg-Sandglöckchen seine kleinen, kugeligen, zartblauen Blütenköpfe. Bleibt zu hoffen, daß die Vegetation dieser großartigen Binnendünenlandschaft nicht durch weiteren Nährstoffeintrag und unzureichende, dem Standort nicht gerecht werdende Pflege völlig »vergrast«. Auf einer Infotafel ist zu lesen:
»Vor ca. 50 Jahren wurden die Süderlügümer Binnendünen noch beweidet. Heidekraut wurde für die Firstabdeckung von Strohdächern benutzt. Abgestochene Soden, auch Plaggen genannt, wurden als Stalleinstreu oder Brennstoff genutzt. Durch diese Nutzung blieb der Boden offen und nährstoffarm, so daß die Besenheide beste Wachstumsbedingungen vorfand und sich immer wieder verjüngen konnte.«

Binnendünen bei Süderlügum

Blauschwingel

Vom Weg am Rande sehen die Süderlügumer Binnendünen Ende Juli aus wie ein welliges, braun-silbriges »Meer«. Die leuchtenden, filigranen Fruchtstände von Gräsern dominieren das Bild.
Die Wanderung durch die Dünenwelt zeigt aber, daß noch viele andere Pflanzen und Flechten auf diesen ganz besonderen Standorten aus Dünensand und feuchten Senken gedeihen.
Zum Beispiel das »gewöhnliche«, violett blühende Heidekraut. In Senken die Glockenheide, mit größeren, glockenförmigen Blüten, die am Ende des Stengels in Gruppen zusammenstehen. Die Polster des silbrig-hellen, zumeist so genannten Islandmooses, einer Flechtenart. Die dichten, kurzen Büschel des Blauschwingels. Kleine Ko-

In Braderup

Die Bundesstraße 5 führt mitten durch den Ort, teilt ihn in zwei Hälften: Braderup linke Seite, Braderup rechte Seite. Ortsbilder an einer lebhaften Bundesstraße sind selten eine positive Offenbarung. Will sagen: Wer nur hindurch fährt, erhält von Braderup entweder gar keinen oder garantiert einen falschen Eindruck. Günstigstenfalls erhascht man noch einen Blick auf den markanten Kirchturm.

Allee in Braderup

Also, angehalten zum gemütlichen Braderuper Dorfspaziergang. Und siehe, ein paar Schritte nur, und Braderup zeigt seine überraschend schönen Seiten. Statt Verkehrslärm an der B 5 nun stille, anheimelnde Dorfstraßen, manche unter grünem Blätterdach einer Allee. Neben neuen Einfamilienhäusern friesengiebelige Reetdach-Altbauten, liebevoll gepflegt und bewahrt.

Und dann ist da noch Braderup-Kirche, das absolute »Prachtstück« des Ortes. Strahlend weiße Mauern, rotes Ziegeldach auf Kirchenschiff und Chor. Der Viereckturm ebenfalls in weißem Mauerwerk mit rotem Quersatteldach. Dieses Gotteshaus, ein frühgotischer Backsteinbau, erinnert in seiner Architektur sehr an dänische Kirchen, könnte auch auf Fünen oder in Jütland stehen. Nun ja, bis Dänemark sind es von Braderup nur noch ein paar Kilometer. Und »das Sagen« hatte der Danebrog hier im Nordfriesischen vor Zeiten schließlich auch.

Die Braderuper Kirche mutet ziemlich »dänisch« an!

Gesehen in Braderup

Schwarzberger Moor

Naturschutzgebiet Schwarzberger Moor. Eine amphibische Kleinlandschaft von eigenem, herbschönem Reiz. Auch - oder gerade - an einem schneelosen Wintertag. Ein abgetorftes Hochmoor in einer Senke, eingefaßt von Wald und Wiese. Land und Wasser im kleinräumigen Wechsel, zusammengewachsen zu einer Natureinheit. Nicht begeh-, aber besehbar. Abseits, ruhig gelegen. An der Straße zwischen Westre und Westrefeld, östlich von Süderlügum.

Im Schwarzberger Moor

Niebüll ist heimelig

Vor dem Rathaus von Niebüll steht »die Mütterliche«. Allerdings ist die Dame nicht aus Fleisch und Blut, sondern aus Bronze. Geschaffen 1963 von Waldemar Grzimek. Der Besucher überlegt: *»Was will uns diese überlebensgroße Plastik sagen – hier vor der Rathaustür?«* Vielleicht dieses: Stadtvertretung und Stadtverwaltung bemühen sich mit geradezu »mütterlicher Fürsorge« um das Wohlergehen ihrer Stadt. Würde ja Sinn machen. Die Kindergartenkinder sind noch fern solcher Überlegungen. Sie haben, ganz praktisch, »die Mütterliche« als Spielplatz entdeckt. Daneben genießen im »Café am Rathaus« die Gäste »open-air« die Sonne und ihren Kaffee (es darf auch Bier sein). Niebülls autoverkehrsfreier Rathausplatz hat Atmosphäre, der Sorte »Zum Wohlfühlen«.

Niebülls Rathaus (oben)
und »die Mütterliche« als Kletterobjekt
der Kindergartenkinder (links oben)

»Niebüll ist heimelig«, sagen die Niebüller. So empfindet es auch der Besucher dieser drittgrößten Stadt Nordfrieslands mit ihren 8279 Einwohnern.* Das viele Grün, auch im innerörtlichen Bereich, wirkt entspannend. Zitat aus der Infobroschüre »Niebüll in Kürze«: *»Die verkehrsberuhigte Innenstadt lädt ein zum Einkaufsbummel ohne Großstadtrummel.«* Stimmt. Danach bitten gleich drei Museen um Besuch: das Naturkundemuseum, das Richard-Haizmann-Museum und das Friesische Heimatmuseum.

* Stand: 31.12.2001

Friesentage – Trachtentage

100 Jahre »Nordfriesischer Verein e.V.«. Im Jahr 2002 konnte dieses Jubiläum gefeiert werden. Im Festjahr mit drei Friesentagen, in Husum, in Bredstedt und – als große Abschlußveranstaltung – im September in Niebüll.
Für alle, ob Mitglieder, Aktive, Gäste, Zuschauer, war der 3. Friesentag 2002 in Niebüll ein beeindruckendes Erlebnis. Höhepunkte: der Ökumenische Gottesdienst im Festzelt auf dem Rathausplatz mit der Predigt in friesischer Sprache und die Vorführungen der Tanz- und Trachtengruppen. Aus Nordfriesland waren 26 Gruppen, viele noch unterteilt nach Kindern, Jugendlichen und Erwachsenen, vertreten. Ein buntes, ein wunderschönes Bild der vielen verschiedenen Trachten der Inseln, der Halligen, des Festlandes. Der Umzug vereinte dann alle einheimischen Trachtengruppen, die Musikkapellen, die Abordnungen aus Holland, Dänemark, der Sorben aus der Lausitz, der Mecklenburger und der übrigen Schleswig-Holsteiner zu einer großartigen Gemeinschaft.

»Ich brauch' jetzt 'n Eis!«

Friesentage – Trachtentage:
Trachten aus Amrum (oben),
Föhr (rechts oben) und
Ostenfeld (rechts)

Hauke-Haien-Koog (I)

Tiefe, dunkle Wolken über dem Hauke-Haien-Koog. Aus winzigen Wolkenlücken mogeln sich einzelne Strahlen einer tiefstehenden Wintersonne. Sie lassen das Wasser des großen Speicherbeckens silbern aufleuchten: heller Kontrast zum dunklen Land.

Wintertag (oben)
und Vorfrühlingstag (rechts)
im Hauke-Haien-Koog

Hauke-Haien-Koog (II)

Ein Vor-Vor-Frühlingstag im Hauke-Haien-Koog. Lichtblauer Himmel spiegelt sich farbgleich im Wasser des Speicherbeckens. Winterlich-braune Schilfbestände reflektieren das Sonnenlicht. Am Wegrand Stapel von geerntetem, gebündeltem Schilf – jetzt wird es Reet genannt.

Das Mühlenabenteuer

Wenn ein 23jähriger, lediger, junger Mann eine längst stillgelegte, flügellose Windmühle erwirbt, ist das wahrlich außergewöhnlich zu nennen. Zumal, wenn man von der Müllerei »keine Ahnung« hat. Thomas Carstensen hat zusammen mit seinem Bruder Hans Peter, genau das gemacht. Auf einer Versteigerung haben die beiden im Jahre 1975 den Windmühlentorso von Bargum erworben. Sie hatten sich, so darf man wohl sagen, regelrecht in die alte Mühle »verguckt«, gepaart mit einer Portion Neugierde und Mühlenabenteuerlust. Daß die Mühle in ihrer baulichen Grundsubstanz weitgehend in Ordnung war, hatte Thomas Carstensen mit geübtem Blick des gelernten Zimmermannes vorher festgestellt. Eine Woche vor der Versteigerung stellte die Behörde den Mühlenrest unter Denkmalschutz.

Das Abenteuer Wiederherrichtung der Mühle – innen und außen – und der Anbauten begann. Und dauerte viele Jahre. Sorgfältig wurde auf Erhaltung bzw. Wiederherstellung des ursprünglichen Zustandes geachtet.
1984 ging Bruder Hans Peter nach Niedersachsen. Thomas Carstensen ist seitdem alleiniger Mühleneigentümer. Dafür ist seit 1983 Ehefrau Uschi mit von der Partie. Und die kannte – tatkräftig mithelfend – die Mühlenausstattung bald mindestens so gut wie Ehemann Thomas.
Höhepunkt und (vorläufiger) Endpunkt der Bargumer Mühlen-Wiederauferstehung: Seit Juli 1998 sind neue Jalousien-Mühlenflügel montiert. Von einer neuen Windrose wird die Flügelkappe dank ausgeklügelter, rein mechanischer Zahnradtechnik selbsttätig in den Wind gedreht. »Mül-

Die Mühle in Bargum

ler« Thomas Carstensen löst die Bremsen und die großen Mühlenflügel drehen sich – ein eindrucksvolles Bild!
Im Innern enthält die tipptopp hergerichtete Mühle – Typ: Galerieholländer – auf mehreren Stockwerken (Böden genannt) die Königswelle, mehrere Mahlwerke, Haferquetsche, Mehlsichter, Transmissionen und diverse weitere technische Geräte und originale Ausstattungsstücke.
Wie sagte doch »Müllerfrau« Uschi Carstensen: *»Eine Mühle mit Charme und Atmosphäre.«*
Stimmt! Innen und außen.
Mühlenbesichtigung innen jeweils am Mühlentag, also am Pfingstmontag.

Inmitten der Karrharde: Leck

Zur Nordsee sind es 20, zur Ostsee 30, nach Dänemark 15 Kilometer. Und rundherum ist die Karrharde, herbschöne Landschaft mit Wald und Weiden, Wiesen, Mooren, Heideflächen und viel Wasser. Die Rede ist von Leck, der amtsfreien Gemeinde mit 7619 Einwohnern,* dem alten Hauptkirch-, Verwaltungs- und Marktort der Karrharde. Harden, das waren die altfriesischen Selbstverwaltungsbezirke. Mitten darin – wie gesagt – Leck, seiner Funktion als zentraler Ort wie eh und je nachkommend, für die eigenen Bewohner, für jene aus der weiteren Umgebung

Gesehen in Leck

und für Gäste. Handel, Gewerbe, Dienstleistungen, Verwaltung, Gesundheitsdienste, Sport, Kulturelles, reges Vereinsleben – nichts fehlt. Seit Juli 2000 ist Leck außerdem anerkannter Luftkurort, verfügt also über ein »therapeutisch anwendbares Klima«.

An Leck »damals« erinnern die unter Denkmalschutz stehenden, reetgedeckten »Fischerhäuser«, eine Art Reihenhaussiedlung von anno einst. Sie künden, laut Infotafel, »von den Wohn- und

* Stand: 31.12.2001.

Leck um 1854

Die »Fischerhäuser« in Leck

Lebensumständen einfacher Leute im alten Leck.« Kurios, sie heißen »Fischerhäuser«, obgleich Fischer zur damaligen Zeit in Leck nicht nachweisbar sind. Immerhin, die Lecker Au fließt nur wenige Meter hinter den Häusern vorbei. Daraus werden sich die Bewohner vermutlich ihre Fische besorgt haben – ob nun Fischer oder nicht.

»Leck, ein mit Marktgerechtigkeit versehenes Kirchdorf an der Leckerau, worüber eine Brükke führt. (...) Dieses bedeutende Dorf soll vormals, als die Au schiffbar war, ansehnlicher und ein Handelsort gewesen sein. (...) Jetzt enthält Leck 19 Bohlstellen, 51 kleine Landstellen, 70 Instenstellen, 3 auf der Feldmark erbaute Colonistenstellen (...) und 3 Mühlen. (...) In Leck ist Sitz des Gerichts für die Karrharde und es wohnen hier der Hardesvogt und der Gerichtsschreiber dieser Harde. – Hauptschule in 2 Classen mit 2 Lehrern. – 2 Wirthshäuser, 9 Krügereien, 2 Bierbrauereien, 1 Branntweinbrenner, 1 bedeutende Färberei, 4 Schmiede, 2 Bäcker, 2 Schlachter und Handwerker fast aller Art. – Die Haupterwerbszweige der größentheils wohlhabenden Einwohner sind außer dem Ackerbau vorzüglich der Viehhandel. Viehmärkte sind hier an jedem Dienstage von Fastnacht bis Weihnachten, und es ist oft der Fall, daß im Frühjahre und Herbste 2–3000 Ochsen und im Sommer 3–4000 Schweine an demselben Tage auf dem Markte sind. Kram- und Holzmärkte am Montage vor Christi Himmelfahrt und am 4. October. – (...) Volkszahl des Dorfs: 937.«

(Aus: »Topographie des Herzogthums Schleswig« von Johannes von Schröder; 2. Auflage. 1854)

Achtrup – das Blumendorf

Vor einigen Jahren wurde die Hauptstraße in Achtrup, die L 212, neu gestaltet. Im Zuge dieser Arbeiten »verschwand« der bisherige offene Straßengraben. Zugeschüttet liefert er nunmehr Platz für – wie man sagt – »Straßenbegleitgrün«. Auf Einheitsgrün langweiliger Rasenflächen hatten die Achtruper keine Lust. Der örtliche Verschönerungsverein regte an, die Flächen an der Straße als Blumenrabatten zu gestalten. So geschah es. Seither erfreut von Frühjahr bis zum Herbst eine herrlich bunte Blütenfülle von Stauden und Sommerblumen die Achtruper und alle Gäste, die des Weges kommen. Blumenbeete erfordern, sollen sie stets gepflegt aussehen, bekanntlich viel Arbeit. Zwei Achtruperinnen erzählten dem Autor:* *»Das erledigen vor allem unser Bürgermeister Helmut Christensen und seine Frau. In Trockenperioden sind sie sogar schon ganz früh morgens da, um die Blumen zu wässern.«*

Die öffentlichen Blumenbeete an der Hauptstraße scheinen »anregend« zu wirken: Kaum ein Haus in Achtrup, vor, neben oder hinter dem es nicht blütenbunt blüht.

* Das Gespräch mit den Achtruperinnen wurde im Sommer 2002 geführt. Zur Kommunalwahl im März 2003 ist Helmut Christensen nach eigener Auskunft nicht erneut angetreten und hat somit auch das Amt als Bürgermeister aufgegeben.

Wasserwandern

Wasserwandern auf der Soholmer Au

Bei Soholmbrück an der Soholmer Au: Grünes Land, blauer Himmel, blauer Fluß. Die Wasserwanderer in ihren Booten genießen die Landschaft aus der Flußperspektive. »Einfach herrlich«, ruft einer herauf zum Mann auf der Brükke, der mit der Kamera hantiert.
Man könnte neidisch werden.

Blumendorf Achtrup

Lütjenholmer Heide

Dem fremden Besucher hilft die 1:100.000er Kreiskarte Nordfriesland in diesem Fall kaum weiter. Mit der Topographischen Karte 1:25.000, Nr. 1320, Normalausgabe,* jedoch ist der Weg in das kleine, versteckt liegende Naturparadies »Lütjenholmer Heide« ziemlich problemlos zu finden. Also: Auf der Straße (L13) von Lütjenholm Richtung Goldelund, bei Lütjenholmfeld

* Herausgegeben vom Landesvermessungsamt Schleswig-Holstein.

In der Lütjenholmer Heide

links ab. Kleine Hinweisschilder »Na de Heid« weisen den Weg weiter, nach Norden. Bis zu einem kleinen Waldstück. Von hier ab nur noch zu Fuß. Eine kleine Strecke, dann hat man diese kuppige, einsame Welt großartiger Ursprünglichkeit erreicht. Sandberge und Senken, wie sie die Natur lange »vor der Zeit« geschaffen hat. »Erlaubte« Pfade führen durch dieses Naturschutzgebiet.

Bredstedts Wohlstand

In Bredstedt, dieser freundlichen Kleinstadt zwischen Geest und Marsch, ist der Wohlstand zu Hause. Nicht unbedingt in der Stadtkasse. Vermutlich auch nicht bei jedem der rund 5000 Einwohner. Dennoch, das Vorhandensein des Wohlstandes wird sogar schriftlich kundgetan. Nachzulesen auf einer Schrifttafel am Rathaus. Schade, es handelt sich nicht um Bares oder entsprechende Kontostände, sondern um eine Frauenfigur. Die steht still, steif und steinern oben auf einem Podest am Eckturm des Rathauses, heißt – laut Aushang – Wohlstand und symbolisiert denselbigen.

»Wohlstand« am Bredstedter Rathauserker

Eines von vielen prachtvollen Bredstedter Details

Gebaut hat das neogotische Rathaus, älterer Teil, in den Jahren 1891–1894 die Spar- und Leihkasse zu Bredstedt. Da kommen wir der Sache mit dem – tatsächlichen – Wohlstand vermutlich auch schon näher. Dazu paßt: Die 1840 gegründete Spar- und Leihkasse zu Bredstedt hat das Rathaus nicht nur bauen lassen, es gehört ihr auch.
Auf der Info-Tafel steht das so:
»Die Spar- und Leihkasse zu Bredstedt kann wohl als einzige in Deutschland ein Rathaus ihr eigen nennen.«

Die Bredstedter Schweine

»Die 1840 gegründete Spar- und Leihkasse ist eng mit der Geschichte Bredstedts verknüpft. Sie unterstützte mehrfach neue Unternehmungen und Einrichtungen (Marschbahn, Park) sowie soziale und kulturelle Anliegen.« So ist es nachzulesen auf einer Schrifttafel, so hat es seine Richtigkeit.

Im Jahre 2000 feierte Bredtstedt das 100jährige Jubiläum der Stadtwerdung. Die Sparkasse wollte aus diesem Anlaß der Stadt und ihren Bewohnern Gutes tun. In Form eines Brunnens, aufzustellen auf dem das Stadtbild prägenden

Jugendstilgiebel in Bredstedt

Der Schweinebrunnen auf dem Marktplatz

Marktplatz. Nicht irgendein beliebiger Langweiler-Brunnen sollte es sein, sondern ein besonderer, unverwechselbarer, einer mit dem gewissen »Pfiff«. Dargestellt durch sieben aufeinandergestapelte, wasserspeiende Schweine, von denen vier in die eine, drei in die andere Richtung gukken, sprich: Brunnenwasser ausspeien.

Da war was los in Bredstedt. Die Einwohnerschaft bildete zwei heftig streitende Lager: pro Schweinebrunnen hier, contra Schweinebrunnen dort. Es kam zum Bürgerentscheid! Die Schweinebrunnengegner unterlagen knapp. Folglich

wurde der Brunnen aufgestellt, an zentraler Stelle auf dem Marktplatz. Eine dezente, auf dem Boden davor eingelassene Tafel informiert: *»Im Jahre 2000 zum 100jährigen Stadtjubiläum gestiftet von der Spar- und Leihkasse zu Bredstedt.«* Der Bredstedt besuchende Gast freut sich über diesen lustigen Brunnen, behält ihn und die kleine Stadt in netter Erinnerung.
Sinn macht die Sache mit den Schweinen auf dem Markt – geschichtlich gesehen – übrigens

auch. Henning Oldekop schrieb im Jahre 1906 über Bredstedt unter anderem:[*] *»Die Vieh- und Pferdemärkte im Herbst werden gut besucht.«* Da werden auch Schweine dabei gewesen sein.

[*] In »Topographie des Herzogtums Schleswig«.

Luke in der alten Brauerei zu Bredstedt

Die kleinen Dinge

Sehenswürdigkeiten im touristischen Sightseeing-Sinne sind sie nicht – die »kleinen Dinge am Rande«. Für einen Augenblick aber stimmen sie heiter, froh oder auch besinnlich. Wie das historische Ortsschild von Kolkerheide an einer Hauswand. Wie die offene Luke im längst ausgedienten leeren Brauereigebäude in Bredstedt – wie lange noch? Wie der eingewachsene, knorrige Absperrbalken »irgendwo« in der Landschaft bei Lütjenholm. Und wie unzählige weitere kleine, liebenswerte Motive.

Historisches Ortsschild

Motiv in der Landschaft

Stollberger Geschichten

Der Stollberg, unmittelbar an der B 5 gelegen, nördlich von Bredstedt, in der Gemeinde Bordelum, ist mit 44 Metern Höhe für hiesige Verhältnisse ein beachtlicher »Berg«. Bereits Henning Oldekop lobte in seiner »Topographie des Herzogtums Schleswig« im Jahre 1906 den Ausblick: *»Vom Stollberg hat man eine sehr schöne Fernsicht über sämtliche Inseln und Halligen bis nach Eiderstedt. Unter günstigen Verhältnissen sind 20 Kirchen und Mühlen sichtbar.«*

Die moderne Technik unserer Zeit hat den Stollberg mit einem Fernsehturm »dekoriert«. Der darf von Besuchern bis zum ersten, offenen Balkon bestiegen werden. Wodurch der gelobte Fernblick sich noch verbessert hat - gute Sicht vorausgesetzt. Der Blick über die Reußenköge hinweg bis zum Sönke-Nissen-Koog ist fast immer möglich.

Um den Stollberg ranken sich Geschichte und Geschichten. Ein »heidnischer« Tempel soll hier gestanden haben. Vielleicht gar das uralte Zentralheiligtum der Friesen, das sagenhafte »Fosetisland«? Am Fuß des Stollberg sprudelt eine Quelle, vormals ein Quellheiligtum, vermutlich schon in vorgeschichtlicher Zeit. Auch später hat diese Quelle noch »gewirkt«. Verbürgt ist, daß im frühen 19. Jahrhundert ihr Wasser wegen seiner »Heilkraft« bis nach Altona verkauft wurde.

Blick vom Stollberg

Bekannt ist noch die ehemalige Stollberger Mühle, die laut »Chronik von Bordelum«* im Dezember 1717 errichtet wurde. Konzessioniert war sie laut Chronik ausschließlich zum Graupen-, Grütz-, Gersten- und Buchweizenmahlen. Die ersten Mühlenkonzessionäre waren der »Fürstlich Gottorfische Kammerassessor« Wedderkop und ein Herr Lorenz Lorentzen.

* »Chronik von Bordelum und der Fürstlich Reußischen Köge« von L. Haustedt, Pastor in Bordelum, 1899. Im Selbstverlage des Verfassers.

Wieso »Reußenköge«?

So steht es – westlich von Bordelum, Bredstedt, Breklum – in jeder ordentlichen, amtlichen Landkarte: Reußenköge. Wohl gemerkt: Köge, Plural. Es müssen also mehrere sein. Sind es auch. Nämlich: Sophien-Magdalenenkoog, Desmercièreskoog, Reußenkoog und Louisen-Reußenkoog.

Gut. Aber warum heißen sie Reußenköge? Schließlich sind die gräflichen/fürstlichen Herren (und Damen) des Hauses Reuß keine Schleswig-Holsteiner, auch keine Dänen, Friesen schon gar nicht. Dies ist die Geschichte:

Zu der Zeit, da der König von Frankreich die Hugenotten ihres Glaubens wegen verfolgte, floh ein Mann namens Jean Henri Huguetan nach Dänemark, erwarb dort als Kaufmann und durch Heirat viel Geld, Besitz und Ansehen und brachte es zum dänischen Lehnsgrafen von Güldenstein. In Paris hatte er einen nichtehelichen Sohn. Mit einer Hutmacherin, wie berichtet wird. Diese wohnte in der Rue des Mercieres. Diese Straßenbezeichnung wurde zum Nachnamen des unehelichen Sohnes gewählt. Vater Huguetan/von Güldenstein kümmerte sich um Ausbildung und Fortkommen des Sohnes. Der es auch »zu etwas brachte«, sich schließlich ebenfalls in Dänemark niederließ. Dort wurde er Banker und einer der reichsten Männer seiner Wahlheimat.

In den Reußenkögen im Mai (links) und Juli (oben)

Die beiden Herren erwarben - neben Gütern, Ländereien - nicht eingedeichtes Nordseevorland mit allen Folgerechten. Sie ließen Teile ihrer ungeschützten Vorländereien in Abschnitten eindeichen. Wodurch 1742–1743 der Sophien-Magdalenenkoog (benannt nach der damaligen dänischen Königin) und in den Jahren 1765–1767 der Desmerciereskoog entstanden.
Vater Huguetan/von Güldenstein vererbte seinen Anteil seiner Enkelin, einer Marquise Lassado de Montelmone, die mit dem Reichsgrafen Heinrich IV. Reuß verheiratet war. Der kinderlos gebliebene Sohn Desmercieres schloß sich mit seinem Testament dem Vater an und verfügte den Reichsgrafen Heinrich XLIII. Reuß als Universalerben. So kamen der Sophien-Magdalenenkoog und der Desmerciereskoog sowie weiteres, noch unbedeichtes Vorland an das fürstliche Haus Reuß. Der Reichsgraf ließ weiter eindeichen. 1788 entstand der Reußenkoog, 1800 der Louisen-Reußenkoog.
Alle vier im Besitz des Hauses Reuß befindlichen Köge wurden nach eben diesem benannt: Reußenköge. Bei dieser Bezeichnung ist es geblieben. Bis heute. Oder wie man früher sagte: Fürstlich Reußische Köge.

Erlebte Eisenzeit am Kammberg

Hier, wo heute am Kammberg bei Joldelund auf Kuppen und Hügeln einst aufgewehter Sanddünen Wald wächst, haben sie gelebt und gearbeitet, Menschen der Eisenzeit. Der Landwirt und Heimatforscher Markus Nielsen entdeckte um 1950 bei land- und forstwirtschaftlichen Arbeiten auf etwa acht Hektar Fläche Eisenschlacken – Überreste früher Eisenverhüttung!
Die Wissenschaft untersuchte das Gelände. Zitat aus einem Schreiben von Prof. Dr. Joachim Reichstein, Direktor des Archäologischen Landesamtes Schleswig-Holstein, an den Autor:*
»Mein Amtsvorgänger, der unvergessene Dr. Hans Hingst, hatte den herausragenden Quellenwert des Kammberg-Geländes für die Geschichte der Eisengewinnung und Eisenverarbeitung in Schleswig-Holstein rasch erkannt und dort bereits ab 1951 archäologische Grabungen durchgeführt. Er legte mir dann mit einer Art ›Testament‹ den Kammberg persönlich ans Herz. Ich ließ über Jahre nach unseren finanziellen Möglichkeiten eine geophysikalische Prospektion des Gebietes vornehmen. Als diese nahezu abgeschlossen war, stellte ich gemeinsam mit dem Kollegen Professor Dr. Haffner, Institut für Ur- und Frühgeschichte der Christian-Albrechts-Universität zu Kiel, einen Antrag bei der Volkswagen-Stiftung, der dann zu mehrjährigen, archäologischen, naturwissenschaftlichen und technikwissenschaftlichen Untersuchungen mit herausragenden Ergebnissen geführt hat. Vor Ort hat Dr. Hauke Jöns das Forschungsvorhaben geleitet.«
Die Ergebnisse dieser Forschungen wurden in umfangreichen Forschungsberichten dokumentiert.**
Die geborgenen Funde lassen eine Datierung der Siedlungs- und Hüttenaktivitäten in die zweite

Hälfte des 4. und in die erste Hälfte des 5. Jahrhunderts nach Christus zu. Damals wurde hier aus einheimischen, ganz in der Nähe gewonnenen Raseneisenerzen Eisenproduktion betrieben. Das Eisen wurde nicht nur gewonnen, sondern auch weiterverarbeitet, geschmiedet. Wie durch

* Schreiben vom 23. September 2002

**»Frühe Eisengewinnung in Joldelund, Kr. Nordfriesland«, Band 40 (Teil 1) und Band 59 (Teil 2) der Reihe »Universitätsforschungen zur prähistorischen Archäologie«. Aus dem Institut für Ur- und Frühgeschichte der Universität Kiel. Teil 1: 1997, Teil 2: 2000.

unterschiedliche Schlackenarten - Verhüttungsschlacken und Schmiedeschlacken - belegt ist. Die Eisenhüttenmänner nutzten das sogenannte Rennfeuerverfahren. Der etwa 1,2 Meter hohe, aus Lehm gefertigte Ofenschacht, mit einem Durchmesser von 50 bis 60 Zentimetern, aufgesetzt auf einer etwa 60 Zentimeter tiefen Grube, wurde schichtweise mit Raseneisenerz und mit - in Meilern selbstgefertigter - Holzkohle gefüllt. Und dann befeuert. Temperaturen um 1200° Celsius wurden erzeugt.
Rund 500 Rennfeuerschachtöfen konnten am Kammberg erschlossen werden. Allerdings waren nicht alle gleichzeitig in Betrieb, sondern verteilten sich auf einen Zeitraum von mindestens 100 Jahren.
Der heutige Spaziergang durch das Gelände des einstigen Eisenhüttenplatzes ist so etwas wie eine Zeitreise in die Eisenzeit. Ein Rennfeuerschachtofen steht hier auch, ein Nachbau jenes Typs, der damals im Gebrauch war. Eine Informationstafel berichtet von der hiesigen Eisenverhüttung und von den archäologischen Ausgrabungen und wissenschaftlichen Untersuchungen. Der Sockel eines kleinen Denkmals ist mit Schlacken »garniert« - Schlacken aus der Eisenzeit.

Nachbau eines Rennfeuerschachtofens (unten) und Schlacke aus der Eisenzeit (links)

Feriengebiet Viöl-Land

»Moin, Moin. Herzlich Willkommen im Feriengebiet Viöl-Land«. So steht es auf großen Straßenschildern vor Orten rund um die namensgebende Gemeinde Viöl. Ahrenviöl und Ahrenviölfeld, Haselund, Immenstedt und Joldelund, Löwenstedt, Norstedt, Schwesing und Sollwitt - sowie Viöl selbst - sind laut Gastgeberverzeichnis Dörfer, die - neben einigen anderen - dazu gehören.

Die Kirche von Joldelund

Bilder aus dem Viöl-Land

Feriengebiet Viöl-Land. Mit dem Bekanntheitsgrad von St. Peter-Ording, Sylt oder Amrum nicht im entferntesten zu vergleichen. Und auch künftig nicht angestrebt. Die VIP-Gäste der Kampener Whisky-Meile würden sich hier mindestens so deplaziert vorkommen wie ein nordfriesisches Deichschaf auf der Düsseldörfer Kö. Vermutlich noch deplazierter.
Feriengebiet Viöl-Land bietet Urlaub inmitten einer ruhigen, weiträumigen, nirgends überlaufenen, schönen und abwechslungsreichen Landschaft zwischen Geest und Arlauniederung. Alles streßfrei, garantiert.
Eigentlich ist dieses kleine, bescheidene Feriengebiet eine Oase. Aber dergleichen Oasen gibt es in Nordfriesland eine ganze Anzahl.

Dorfspaziergang

Ahrenviöl, zwei Kilometer nördlich der B 201, Abfahrt zwischen Oster-Ohrstedt und Wester-Ohrstedt, das ist rund zehn Kilometer östlich von Husum. Ahrenviöl – gewiß keine touristische Top-Adresse. Die ganze Wahrheit: Außer bei den Einheimischen aus der Region ist Ahrenviöl ziemlich unbekannt.

Impressionen aus Ahrenviöl

Und doch, der Ahrenviöler Dorfspaziergang ist eine kleine Tour interessanter Bilder und netter Erlebnisse: Kuschelige Reetdachhäuser mit bunten Vorgärten. Ein schmiedeeisernes Hoftor mit der eisernen Rose als Zierde. Der Storch auf seinem Nest, hoch oben auf hohem Pfahl. Der Schäfer, der soeben die fast schon erwachsenen Lämmer von den Mutterschafen getrennt hat. *»Zwei Tage«* sagt er, *»müssen die jungen Schafe nun besonders ge- und behütet werden. Solange neigen sie noch dazu, übers Gatter auszubüxen, um wieder zur Mutter zu kommen.«*

Auf dem Dach eines Altbaus in Rundum-Renovierungszustand sind Reetdachdecker am Arbeiten. Faszinierend zu sehen, wie ein formschönes Reetdach neu entsteht. Auf dem gepflegten, von grünem Rasen gerahmten Dorfteich blühen Teichrosen, weiß und rosa. Vor Bauerngehöften steht landwirtschaftliches Gerät. Ahrenviöl – ein Dorf mit eigener, sympathischer Atmosphäre.

Wald? Wald!

Zugegeben, der Kreis Nordfriesland ist waldarm. Nicht zu verwechseln mit waldlos. In den reinen Marschengebieten fehlt Wald zwar völlig. Dafür können auf der Geest respektable Forsten erwandert werden.

Beispiele: Der Süderlügumer Wald, östlich von Süderlügum, der die Naturschutzgebiete Süderlügumer Binnendünen, Schwansmoor und Schwarzberger Moor einschließt. Das Waldgelände südlich von Karlum. Der Forst Rantzau im Gebiet zwischen Leck, Stadum und Enge-Sande gelegen. Dieser Staatsforst ist hügelig. Die Rantzau-Höhe bringt es auf 45 Meter. Eine historische Besonderheit im Forst Rantzau: Reststrecken des legendären Ochsenweges. Bekannt ist – zwischen Drelsdorf und Norstedt – der Drelsdorfer Forst und, gleich südlich davon, der Forst Haaks. Ostenfeld ist von einem Kranz kleiner Waldstücke umgeben.

Die meisten dieser Forstflächen sind relativ jung. Es handelt sich um Aufforstungen von einst ausgedehnten, sandigen Heideflächen und Binnendünen. Damit sollten vor allem die früher oft heftigen Sandverwehungen eingeschränkt werden. Zitat:*

»Der erste, welcher eine wirksame Windschutzmaßnahme in Angriff nahm, war Prov.-Forst-

direktor Carl Emeis, einer der Begründer des Heidekulturvereins. Er begann 1878 mit der Aufforstung eines 420 Hektar großen Heidegeländes um Langenberg, südlich von Leck. Eine weitere Pflanzung führte er bei Drelsdorf durch. Auch einzelne Bauern begannen, durch das staatliche Beispiel und durch den Heidekulturverein angeregt, ihre Heide mit Wald zu bepflanzen.«

* In »Topographischer Atlas Schleswig-Holstein« von Christian Degn und Uwe Muus. Herausgegeben vom Landesvermessungsamt Schleswig-Holstein. Karl Wachholtz Verlag Neumünster. 1963.

Koogbilder

Maitag im Cecilienkoog

Die Landschaft der Köge im Frühjahr: eine Komposition der Farben. In schnurgeraden Gräben spiegeln sich Himmelsblau und leichte Federwolken. Saftig-dunkelgrüne Wiesen und Weiden. Leuchtend gelb der blühende Raps. Am Wegrand ein strauchig gewachsener Apfelbaum mit Blüten in Weiß, mit einem Hauch von Rosa. Duftig leicht blüht das erste Kälberkraut. In der Ferne die weißen Mauern eines Gehöftes mit rotem Dach.
Gesehen an einem Maitag im Cecilienkoog.

Der Rosengarten von Hattstedt

Ein Rosengarten mitten in Nordfriesland? Den gibt es wirklich. In Hattstedt, hinter der Diakoniestation, neben der Kirche. Ein Hinweisschild zeigt den Weg. Es sind historische Rosen, die hier blühen. Eine Pracht der Formen, der Farben und der Rosendüfte.

Angelegt hat den Hattstedter Rosengarten Karl-Heinz Heisch. Wie es dazu kam, schildert er selbst:

»Als (früherer) Seemann sah ich die Blütenpracht im brasilianischen Urwald, ganze Wälder blühenden Oleanders und die prachtvollen Kakteenblüten in Wüstengegenden. Mein Bedauern war, daß solche Pflanzen in unserem Klima nicht gedeihen. In Erinnerung an meinen Großvater, der einen kleinen Rosengarten besaß, begann ich 1987 mich mit historischen Rosen zu befassen, die ich aus Stecklingen, also auf eigener

Der Eingang zum Rosengarten (links) und einige besonders prachtvolle Rosen

Wurzel zog. Die Bewurzelung der Stecklinge war eine Herausforderung, doch es gelang. Nachdem der eigene Hausgarten keinen Platz mehr bot, stellte die Gemeinde Hattstedt ein Grundstück von 600 Quadratmeter zur Verfügung und hier entstand mit entsprechendem Zeitaufwand ein ›kleiner Rosengarten‹ mit historischen Rosen, alle auf eigener Wurzel.«

Der Rosengarten von Hattstedt kann kostenfrei besichtigt werden. Karl-Heinz Heisch in einem Schreiben an den Autor: *»Die Rosen werden im nächsten Sommer wieder in ganzer Pracht erblühen und Interessenten sind mir wieder als Gäste willkommen, im Hausgarten und im ›kleinen Rosengarten‹.«*

Terminabsprache: K.-H. Heisch, Tel. 04846-1000

Rosengeschichten

Karl-Heinz Heisch, der »Rosengärtner von Hattstedt«, kennt sich mit seinen historischen Rosen gründlich aus. Er berichtet gern. Zum Beispiel:

»Die ›Alba Maxima‹. Sie stammt aus dem östlichen Mittelmeerraum. Sie hat gut gefüllte weiße Blüten, einen schönen Duft und wird ohne Schwierigkeiten zu einem 2–3 Meter hohen, prächtigen Strauch, der auch in die Breite wächst. Man weiß nicht, ob es noch die Urform ist, oder ob sie durch künstliche oder natürliche Kreuzung entstand. Im alten Rom war sie sehr geschätzt und ihre Blüten waren üppige Dekoration bei allerlei Gelagen. (...)

Dann ist da die »Rose de Resht«. Eine aus Persien stammende Damascena. Wenn man der Historie glauben kann, war sie schon den alten Griechen bekannt und wurde von ihnen die ›Rose der vier Jahreszeiten‹ genannt. Die Ursache für diese Bezeichnung ist erklärlich, denn sie ist eine der ganz wenigen historischen Rosen, die nach einer kurzen Ruhepause fast das ganze Jahr hindurch blüht, was im mediterranen Klima durchaus möglich ist.«

Von der »Great Western« berichtet Karl-Heinz Heisch dann noch, einer Bourbon-Rose von 1840. Und von der »New Dawn«, die den Eingang zum Hattstedter Rosengarten umrankt, einer Kletterrose mit zartrosa Blüten bis weit in den Herbst, mit einem klaren, zarten Duft. Die »New Dawn« zählt schon zu den modernen Rosen.

»Historische Rosen«, erläutert Karl-Heinz Heisch, *»stammen aus der Zeit vor 1865. Von da an beginnt die Zeit der modernen Rosen. Eine ›Moderne‹ kann also auch schon sehr alt sein.«*

Die Arlau

Erst Au, dann Flüßchen, schließlich Fluß: die Arlau. Sie entspringt nördlich vom Bondelum im Herrenmoor. Mithin im Grenzraum der beiden Kreise Schleswig-Flensburg zur einen und Nordfriesland zur anderen Seite. Flugs nimmt die Arlau dann Kurs nach Süden und ist fortan nur noch gut nordfriesisch. Südlich von Bondelum Kurswechsel, nunmehr stetig westwärts, durch die landschaftlich schöne Arlauniederung. Behrendorf, Viöl, Hoxtrup und Ahrenshöft werden auf der Nordseite, Immenstedt, Olderup und Arlewatt auf der Südseite passiert. Dann ist die breite Hattstedtermarsch erreicht, die in einigen weiten Bögen gänzlich durchflossen wird.

Für die gesamte Arlauniederung, für Köge an den Zuflüssen, vor allem aber für die Hattstedtermarsch ist die Arlau Vorfluter. Das heißt, sie nimmt aus vielen Auen, Gräben, Sielzügen das Wasser auf, transportiert es zur Nordsee. Sie sorgt so für die unabdingbar erforderliche Entwässerung des tief liegenden Landes. »Wasserlösung« sagen die Einheimischen. Da der Abfluß in die Nordsee schlußendlich durch den Deich versperrt ist, waren seit der ersten Eindeichung (des alten Hattstedter Kooges) Schleusen und Sieltore erforderlich. Die erste Schleuse soll um 1470 gebaut worden sein. Weitere Eindeichungen, Verlandung des Flußbettes in Mün-

dungsbereichen, Sturmfluten, Verlagerung des Flußbettes machten im Laufe der Jahrhunderte immer wieder umfangreiche Arbeiten erforderlich. Und Schleusenneubauten. In den Annalen stehen Schleusenneubauten für die Jahre 1693, 1760, 1834 und 1925.

Oberhalb der Schleusentore sind in der Arlauschleuse von 1925 zwei Bautafeln eingelassen. Auf der einen sind die Namen jener Männer zu lesen, die für diesen Schleusenbau besonders bedeutsam waren. Und auch, daß die »Gemeinschaftliche Wasserlösungskommission des Hattstedter-, Breklumer- und Bredstedter Kooges« diese Schleuse errichten ließ. Auf der anderen Steintafel ist das alte Nordfriesenwappen zu sehen.

Für den fremden Besucher, der sich um Wasserlösungsprobleme nicht zu kümmern braucht, bietet die Arlau viele ruhige, stimmungsvolle Uferplätze. Von Herrenmoor bis Arlauschleuse.

Die Arlau südlich von Viöl (links) und bei Almdorf (oben)

Tafel an der Arlauschleuse

Dem »Diamanten-Millionär« sei Dank

Sönke-Nissen-Koog – ein »Bilderbuch-Koog«. Mit hohen Deichen ringsum, noch immer eine (Koog-)Welt für sich. Die hohen Binnendeiche – landseitig geradezu abschirmend zu den angrenzenden Reußenkögen – waren bis vor 77 Jahren Außendeiche. Der heutige Außendeich zur Nordsee wurde 1926 geschlossen. In diesem Jahr entstand der Sönke-Nissen-Koog, rund 1000 Hektar groß. Schmal ist er, aber langgestreckt, von Süd nach Nord. Eine einzige Straße führt hindurch. An der sich, Abstand haltend, die Gehöfte aufreihen. Die hatten anfangs alle das gleiche Aussehen. Große Wirtschaftsgebäude mit im Winkel angefügtem, kleinerem Wohnhaus. Die Wände weiß gestrichen. Besonders charakteristisch: die patinagrün gestrichenen Pfannenblechdächer. Diese Bauweise war in den Entstehungsjahren des Kooges von der »Deichbaugenossenschaft Sönke-Nissen-Koog m.b.H.« gemäß Satzung vorgeschrieben. Sie bestimmt im wesentlichen noch immer das einheitliche Bild der Gehöfte im Koog. Diese, eingerahmt von blühendem Raps oder reifendem Korn, sind dann Koogmotive der heiteren Art. An regenverhangenen, dunklen Novembertagen allerdings liegt eher eine Spur von Melancholie, erst recht von Einsamkeit über dem Land.

Daß das »eindeichungsreife« Land vor den Reußenkögen in den Jahren 1924 bis 1926 eingedeicht, daß damit der Sönke-Nissen-Koog entstehen konnte, ist vor allem dem »Diamanten-Millionär« Sönke Nissen zu verdanken. Mit finanzieller Unterstützung aus seinem Nachlaß konnten die erheblichen Kosten »bewältigt« werden. Zu seinen Ehren wurde der Koog nach seinem Namen benannt.

Wer war Sönke Nissen?

Im Sönke-Nissen-Koog

Dr. Jes Jessen hat in seinem Beitrag »Nordfriesische Familienkunde – Personennamen und Familiengeschichte«* darüber wie folgt berichtet: Sönke Nissen *»ist 1870 in Klockries, Kirchspiel Lindholm, geboren. Sein Vater war Zimmermann und zugleich Besitzer einer kleinen Landstelle. Nachdem Sönke bei seinem Vater als Zimmermann gelernt und dann als Geselle in Hamburg gearbeitet hatte, besuchte er mit Hilfe seines älteren Bruders Nahne, der Lehrer in Hamburg war, dort die Baugewerkschule. Später war er in den deutschen Kolonien in Afrika tätig. Zuletzt hatte er die oberste Bauleitung beim Bau der Eisenbahn von Lüderitzbucht nach Keetmannshop im früheren Deutsch-Südwest-Afrika. Dort wurden bekanntlich Diamanten gefunden. An den Gesellschaften, die zur Ausbeutung dieser Diamantenfunde gebildet wurden, war auch Sönke Nissen nicht unerheblich beteiligt, sodaß er auch ihrem Vorstand und Aufsichtsrat angehörte. Schon mehrere Jahre vor dem* [I.] *Weltkriege kehrte er nach Deutschland zurück; 1912 kaufte er das Gut Glinde bei Hamburg. (...) Hier ist er auch 1923 gestorben, nachdem ihm kurz vorher ein Sohn geboren war. An der Eindeichung des nach ihm benannten Kooges (...) aber hat er sich nach seinen eigenen Worten beteiligt, ›um sich der Heimat und die Heimat sich näher zu bringen‹.«*

* In »Nordfriesland – Heimatbuch für die Kreise Husum und Südtondern«. Im Auftrage des Nordfriesischen Vereins für Heimatkunde und Heimatliebe herausgegeben von Dr. L.C. Peters. Verlag C.F. Delff, Husum. 1929.

Beltringharder Koog

14 Kirchspiele soll sie umfaßt haben, die Beltringharde. Ihr Mittelpunkt lag - nach Johannes von Schröder* - zwischen den heutigen Halligen Gröde und Habel und den jetzigen Inseln Pellworm und Nordstrand. Die Beltringharde ist untergegangen. Vier Kirchspiele in der »Manndränke« von 1362, die anderen in der Flut von 1634.

Durch die Eindeichung der Nordstrander Bucht im Jahre 1987 entstand ein neuer Koog. Ein Koog der besonderen Art. Einerseits aus Land-, aus Anwachs- und Verlandungsflächen bestehend,

* In »Topographie des Herzogthums Schleswig«. 2. Auflage. 1854.

Impressionen aus dem Beltringharder Koog

andererseits - und das vor allem - aus durch Dämme getrennten Wasserflächen: Lüttmoorsee, Arlau-Speicherbecken, Holmer See und, im Nordzipfel, ein weiteres kleines Speicherbecken. Im großen Lüttmoorsee herrscht Ebbe und Flut, Nordseewasser strömt durch die Tore der Lüttmoorsielschleuse ein und aus. Dieser 3350 Hektar große Koog ist unbewohnt. Und Naturschutzgebiet. Ein Vogelparadies.
Im Gedenken an die untergegangene Beltringharde erhielt dieses eingedeichte Gebiet den Namen Beltringharder Koog.
Ein weiteres Novum: Dieser Koog ist »Gemeindefreies Gebiet«, das heißt, keiner Gemeinde zugehörig.

Einströmende Flut am Lüttmoorsiel

Blüten im August

Anfang August, ein Sonntag. Im Land bei Schwesing. Feldwege, unbefestigt »wie früher«, die nur zu Ackerflächen führen. Kein Auto, kein Trecker, keine Ausflügler. Auf den Feldern reift Roggen der baldigen Ernte entgegen, steht Mais in schnurgeraden Reihen. Erdwälle rahmen die Felder ein, geben dem Weg die Begrenzung. Sandige, ziemlich trockene Wälle sind es: Geestland. Für bunte Blütendekoration hat die Natur gesorgt. Kolonien rosa-rot blühender Weidenröschen leuchten. Daneben Pulks von Leinkraut

Weidenröschen

Rainfarn

mit ihren gelben, unverwechselbaren »Löwenmäulchen«-Blüten. Auf zarten Stengeln blaue Glockenblumen. Und stattliche Trupps des gelben Rainfarns. Wegen seines kampferartigen Geruchs haben unsere Altvorderen getrocknete Sträuße des Rainfarns als Mottenmittel und zur Vertreibung anderer Insekten verwendet. An einer Stelle ein Placken blühender Heide. Erinnerung an längst vergangene Zeiten, in denen weite Flächen der Geest im Landesteil Schleswig aus Heideland bestanden.

Leinkraut

Glockenblume

In Wittbek

Wittbek, Dorf an der Straße von Husum nach Ostenfeld. Der Gast auf Dorfspaziergang erfreut sich an vielerlei Bildern: Die alte, längst ausgediente Wassermühle. Stattliche Höfe. Gänse mit Freigang. Hochstamm-Birnbäume voller Frucht. Der gepflegte Dorfteich. Moderne Einfamilienhäuser. Große Scheunen. Blumengärten.

Gewiß, alles »nichts Besonderes«. Aber die Mischung macht's. Harmonisch. Zum »Sichwohlfühlen«. Irgendwie einfach schön.

Wittbek –
»irgendwie einfach schön«!

Von Haarfarben und der Trachtengruppe Ostenfeld

Nach landläufiger (vorwiegend auswärtiger) Meinung sind Friesen blond. Haben idealtypischerweise blond zu sein. Mag sein, daß Alt- und Urfriesen, als sie vor etlichen Jahrhunderten ins heutige Nordfriesland zogen, um hier zu siedeln, samt und sonders blondschopfig waren. Im Laufe der Zeit waren und sind in der Region aber auch Angehörige anderer Völkerschaften heimisch. Und so haben sich die einen mit den anderen mehr oder minder »vermengeliert«. Weshalb in Nordfriesland sämtliche Haarfarben anzutreffen sind. Der naturhaften Art. Ergänzt um gefärbte Spezialtöne.
Kinder und Jugendliche der »Trachtengruppe Kirchspiel Ostenfeld« allerdings sind (vorwiegend) friesisch blond, von hell- bis dunkelblond, ob sie nun Friesen sind oder nicht. So jedenfalls

Der Nachwuchs der Trachtengruppe Kirchspiel Ostenfeld auf dem Friesentag 2002

zeigten sie sich – und das in ihrer schmucken Ostenfelder Tracht – auf dem Friesentag 2002 in Niebüll. Kurz vor ihrem Auftritt als Trachtentanzgruppe waren diese Blondschöpfe Kopf an Kopf aufgereiht. Bilder voller Liebreiz!

Das »umgesetzte« Bauernhaus

Das Bauernhaus stammt aus dem 16. Jahrhundert, mit Wohnteilan- und -ausbauten aus den Jahren 1673 und 1789. Beschrieben wird es als altsächsisches Fachhallenhaus mit gehobener Ausstattung. Es stand in Ostenfeld, bis 1899. Dann wurde es Stück für Stück abmontiert (nicht abgebrochen) und in Husum wieder aufgebaut. Unter dem inzwischen sehr bekannten Namen »Ostenfelder Bauernhaus« ist es eines der fünf Husumer Museen.

Ostenfelder Häuser

Die Ostenfelder allerdings sind ihr altes Fachhallenhaus los. Und die daran Interessierten gehen nach Husum, nicht nach Ostenfeld. Dennoch, wer schöne, alte Häuser in gepflegtem dörflichen Ambiente schätzt, sollte auf einen Besuch in Ostenfeld nicht verzichten. Ganz offensichtlich kann dieses Kirchdorf die »Umsetzung« des historischen Bauernhauses verschmerzen. Was bis heute an Ort und Stelle erhalten blieb, lohnt den Besuch.

Wege im Land

Weniger in der Marsch, in den Krögen, aber auf dem »höhergelegenen« Festland, auf den großräumigen Flächen der nordfriesischen Geest gibt es sie noch immer in großer Anzahl: die schmalen, unbefestigten, oftmals von Knicks gerahmten Feldwege. Lauschige Strecken zum Spazierengehen, zum Wandern, zum Landschaftbegucken, zum Naturgenießen. Abseits des Autoverkehrs, entfernt von der »lauten Welt«.

Der Schwabstedter Glockenturm

Stille Wege im Land...

Schwabstedter Glockenberg

Zum Thema Christianisierung hat Pastor A. Hanstedt im Jahre 1929 unter anderem geschrieben:* »*In dem Götterglauben der Heidenzeit unterscheiden sich die Bewohner Nordfrieslands nicht wesentlich von den übrigen westgermanischen Stämmen. (...) Die Einführung des Christentums in unserem Lande hatte einst große Widerstände zu überwinden.*«

* In seinem Beitrag »Aus der Kirchengeschichte Nordfrieslands«, veröffentlicht in »Nordfriesland – Heimatbuch für die Kreise Husum und Südtondern.« Verlag C.F. Delff, Husum. 1929.

Um diese Widerstände zu brechen, waren die frühen Missionare und Christianisierer nicht gerade zimperlich. Zitat aus dem »Kleinen Wegweiser« der St. Jakobi Kirche Schwabstedt: »*Es war früher beim Bau von Kirchen und Kapellen durchaus üblich, sie auf alten, heiligen Stätten zu errichten und diese so zu ›christianisieren‹.*« Also nichts war mit christlicher Pietät gegenüber den Stätten der sogenannten »Heiden«, die ja auch ihren Götterglauben hatten. Selbst vor »heidnischen« Gräbern schreckte man in frühem Christianisierungseifer nicht zurück. Beispiel: Der hölzerne, jahrhundertealte Glockenturm der Schwabstedter Kirche steht auf hohem Hügel. Zitat dazu aus dem Kirchen-Wegweiser: »*Dieser Glockenberg ist wahrscheinlich ein altes Hügelgrab.*« Zu den Gottesdiensten und zu Beginn und Ende eines jeden Arbeitstages läuten die Glocken im Turm. Herab vom Hügelgrab, Pardon: vom Glockenberg.

Wildes Moor

Rund 10.000 Jahre, seit der letzten Eiszeit, hat es gedauert, bis das Wilde Moor bei Schwabstedt »gewachsen« war. Etwa 700 Hektar groß und bis zu elf Meter mächtig. Auf einer Infotafel am »Eingang« zum Moor bei Hollbüllhuus ist die Entstehungsgeschichte nachzulesen: *»Eiszeitliche Schmelzwässer hatten das Treenetal und seine seitlichen Nebentäler in den älteren saale(eis)zeitlichen Untergrund eingeschnitten. Die saale(eis)zeitlichen Erhebungen bildeten einen von Winnert über Lehmsiek nach Hollbüllhuus reichenden halbförmigen Rand einer Mulde. In dieser wuchs bei ansteigendem Grundwasserspiegel Erlenbruchwald auf, dessen nicht abgebaute Pflanzenreste den untersten Torf bilden. Darüber lagerte sich eine Torfschicht aus den Resten einer schilf-, binsen- und seggenreichen Vegetation ab. Torfmoose verdrängten bei zunehmender Torfmächtigkeit andere Pflanzen; ihre Reste bilden die oberste Torfschicht des Wilden Moores. Aus der ehemaligen Mulde war ein flach aufgewölbtes, baumloses Moor entstanden, das wegen seiner auch heute noch gut erkennbaren uhrglasförmigen Oberfläche als Hochmoor bezeichnet wird.«*

Schutzhütte (unten)
im Wilden Moor (rechts)

Natürlich haben die Bewohner der angrenzenden Dörfer früher in Randbereichen des Moores ihren Torf gestochen. Brennmaterial für die eigene Nutzung. Ansonsten aber blieb das Moor »unangetastet«. Bis 1913. Damals begannen Kultivierungsarbeiten, staatlich geförderte Urbarmachung, für Ackerbau und Grünlandwirtschaft. Nur 60 Jahre dauerte diese landwirtschaftliche Episode, die Böden waren unwirtschaftlich. Erste Renaturierungsmaßnahmen erfolgten 1983. Seit 1992 sind 631 Hektar des Wilden Moores Naturschutzgebiet. Es wird noch Jahrzehnte dauern, bis das Hochmoor wieder natürlich wächst. Beginnend aus kleinen, noch vorhandenen Hochmoorflächen wird das geschehen. Aber schon heute ist die weite, offene, baumlose Fläche des Wilden Moores ein besonderes Naturerlebnis. Der Moorlehrpfad - ein Holzbohlenrundkurs - ermöglicht einen interessanten Moorspaziergang. Kleine Infotafeln informieren an den jeweiligen Standorten über die Vegetation. Zum Beispiel über die Moosbeere, den Rundblättrigen Sonnentau, die Flatterbinse, die Moorlilie, den Gagelstrauch und das Wollgras. Aus dem Innern einer kleinen, reetgedeckten Schutzhütte kann - sichtgeschützt - die Vogelwelt beobachtet werden.

Friedrichstadt

Und war ihr Ländchen noch so klein – die Landesherrn hatten gelegentlich große Pläne. Wie Herzog Friedrich III., der auf Schloß Gottorf residierte. Der wollte den Handel aus Rußland und Persien über Wolga und Düna nach Nordwesteuropa lenken. Über sein Herrschaftsgebiet: via Kiel, dann eiderabwärts, schließlich weiter über die Nordsee. Dafür war an der Eider, in Nordseenähe, ein neuer Stapel- und Hafenplatz erforderlich.

Da traf es sich gut, daß manche Holländer ihres Glaubens wegen – man nannte sie Remonstranten – ihre Heimat verlassen mußten oder auch wollten. Nicht nur »einfache« Bauern und Bürger waren es, sondern auch Geistliche, Gelehrte, viele Kaufleute. Und gewiß auch Bausachver-

ständige – für Häuser, Speicher, Kanäle, Deiche, Entwässerung.

Herzog Friedrich III. nahm sie »in Gnaden« auf, hatte sogar Werber ins Holländische geschickt. Viele Privilegien wurden den Neuankömmlingen versprochen – nicht alle gehalten. Wo die Treene in die Eider mündet, sollte die neue Stadt entstehen.

Und die Holländer, unterstützt von zugezogenen deutschen Handwerkern, machten sich ans Werk. Im Jahre 1621 stand das erste Haus. Kanäle, wie in Holland üblich, wurden angelegt, quer durch die neue Siedlung. Eine Kleinstadt mit »holländischem Gesicht« entstand. Selbstredend Friedrichstadt genannt, nach dem Landes-

Das schöne Friedrichstadt mit einer wahren Treppengiebelparade (oben und links), mit schönen Haustüren (rechts) und alten Hauszeichen (rechts oben)

herrn, dem III. Friedrich. In den folgenden Jahren beteiligten sich weitere angesehene und reiche holländische Kaufmannsfamilien an dem Auf- und Ausbau der Stadt. Die großartigen Handelspläne des Herzogs versprachen für die Zukunft guten Gewinn. Meinte man, spekulierte man.

Es wurde nichts daraus. Gar nichts. Der Handel mit Rußland/Persien kam nie zustande. Statt lebhafte Kaufmanns- und Hafenstadt wurde und blieb Friedrichstadt ein kleines Landstädtchen.

Grachten (oben) gehören ebenso zu Friedrichstadt wie die schönen kleinen Details (rechts)

Viele Holländer kehrten in ihre Heimat zurück, einige hatten ihr ganzes Geld verloren, sich verspekuliert.

Was blieb, ist eine bezaubernde Kleinstadt mit altholländischem Charme. Häuser mit Treppengiebeln, Kanäle, die natürlich Grachten genannt werden. Rechtwinklig sich kreuzende Straßen mit offenen Durchblicken. Die große Marktplatz. Rosenstöcke vor weiß geschlämmten Hauswänden. Hausmarken und Maueranker.

Folglich ist Friedrichstadt eine touristische Attraktion allerersten Ranges. Einmalig in Schleswig-Holstein. Friedrich III. sei Dank. Und den Holländern.

Im Westerkoog

Wisch liegt knapp nordwestlich von Ramstedt; Ramstedt knapp nordwestlich von Schwabstedt. Soviel zur geographischen Lage. Von Wisch aus führt ein Wanderweg durch unberührte Natur des Moores im Westerkoog. Links und rechts ist der Weg oft von hohen Schilfbeständen gesäumt. Nach kräftigen Regenfällen sind Gummistiefel empfehlenswert. Über den Kanal, der aus dem Moor schnurgerade von Nord nach Süd Richtung Treene verläuft, führt eine Brükke. Der Blick von dieser Brücke auf den Kanal ist allein schon die Wanderung wert. Ein Winkel verträumter, unzugänglicher Landschaft, weitab von jeglichem Trubel.

Wer den Weg weitergeht, erreicht die Kreisstraße K 22, die von Koldenbüttel nach Schwabstedt führt. Selbstverständlich läßt sich die Westerkoog-Tour von hier aus auch in umgekehrter Richtung beginnen. In Wanderkarten ist zudem eine komplette Rundwanderstrecke vermerkt.

Schönes Koldenbüttel

Koldenbüttel, nahe Friedrichstadt gelegen, war und ist allzeit gut eiderstedtisch. Henning Oldekop schrieb im Jahre 1906 in seiner »Topographie des Herzogtums Schleswig«: *»Koldenbüttel bildet den Schlüssel zu Eiderstedt.«* Na bitte! Und auch das hat Oldekop vor 100 Jahren angemerkt: *»Koldenbüttel ist ein ansehnlicher Ort.«* Das Urteil gilt unverändert. Mehr noch. Koldenbüttel von heute ist ein überaus schönes Dorf. Mit einer gelungenen Verbindung aus gepflegtem, bewahrtem Gestern und einem sinnvoll gestalteten, modernen Heute. Geradezu symptomatisch dafür: die historische Kirche, der separat stehende, uralte, hölzerne Glockenturm und davor auf der Grünanlage die markante, moderne Steinplastik, eine Bildhauerarbeit »ohne

Das schöne Koldenbüttel – mit altem Grenzstein und moderner Kunst

Namen« von Lothar Frieling. Komplettiert wird dieses harmonische Miteinander von dem kleinen, schmucken Conrad-Engelhardt-Platz.* Hier auf der Bank sitzen und den freien Blick auf die Grünanlage und das Kirchenensemble genießen – das »hat was«.

Beim Bummel durch das 960-Einwohner-Dorf entdeckt der Besucher viele »fotogene Motive«. Wie das Pastorat, ein stattliches Giebelhaus, 1658 erbaut. Ein paar Schritte weiter stehen auf dem

* Conrad Engelhardt, gebürtiger Koldenbütteler, hat das Gelände der Gemeinde Mitte der 1950er Jahre zur Verfügung gestellt.

Häuschen auf dem (alten) Deich

»alten Deich« einstöckige, kleine Reetdachkaten, längst gewandelt zu feinen Einfamilien-Häuschen.

Im anerkannten Erholungsort Koldenbüttel sind diverse Gruppen, Ausschüsse, Vereine, Verbände auf der Basis einer funktionierenden Dorfgemeinschaft aktiv am Wirken, um ihr Dorf auch weiterhin zu gestalten. *»Übrigens alles nicht satzungsgebundene Ausschüsse«*, betont Bürgermeister Walter Clausen. Und ergänzt: *»In Koldenbüttel ist es uns gelungen, die Menschen aus allen Lebensbereichen zu aktivieren, sie unmittelbar mitwirken zu lassen an der Verschönerung der Le-*

Der Klootstockspringer

bensumstände für alle Bürger im Ort, der baulichen Entwicklung. Und wir haben immer vorausgeplant, hatten stets fix und fertige Pläne, wenn ›irgendwo‹ Fördermittel zu haben waren.«
Und wenn Walter Clausen* aufzählt, was die Koldenbütteler alles in Eigenleistung geschaffen haben - Wanderwege und Biotope unter anderem - wird es eine lange, beeindruckende Liste. Daß Koldenbüttel eine kinderfreundliche und umweltbewußte Gemeinde ist, versteht sich sozusagen von selbst.

* Walter Clausen war 29 Jahre Gemeindevertreter und ebensolange ehrenamtlicher Bürgermeister. Dreizehn Jahre lang auch Amtsvorsteher des Amtes Friedrichstadt. Zur Kommunalwahl im März 2003 ist Walter Clausen »aus Altersgründen« dann nicht wieder angetreten.

Der Klootstockspringer

Mit Straßen und Wegen sah es auf Eiderstedt in früheren Jahrhunderten traurig aus. In einer königlichen »Dispensation« vom 7. Januar 1760 ist folgerichtig von »*... öfters schlechten und tiefen Wegen*« die Rede. In dem Buch »Versuch einer Beschreibung von Eiderstädt« hat Friedrich Volkmar* im Jahre 1795 geschrieben:
»Um zu Fuße fortkommen zu können, muß man sich mit starken wasserdichten Stiefeln versehn, und es nicht achten, auch zuweilen durch einen Morast zu waten, in dem man bis über die Knöchel versinkt. Vorzüglich aber bedient man sich in dieser Hinsicht eines Sprungstocks, der 8 bis 12 Fuß lang, und an dem einen Ende mit einem Klotze versehn ist. Durch Hülfe desselben ist es sehr leicht über einen Graben zu springen, der auch noch breiter ist als die Länge des Stocks selbst. Gebohrene Eiderstädter springen auf diese Art über mehr als 16 Fuß breite Kanäle (...).«
Heute ist besagter Springstock, landläufig Klootstock genannt, aus der Mode gekommen. In Koldenbüttel jedoch setzt ein Klootstockspringer permanent über einen Sielzug. Allerdings handelt es sich um eine von dem Künstler Lothar Frieling geschaffene Figur - samt Klootstock, versteht sich. Eine nette Idee der Koldenbütteler, auf diese anschauliche Art und Weise an die einstige eiderstedter Fortbewegungsart zu erinnern.

* Volkmar veröffentlichte das Buch anonym. Er war damals Rektor der Gardinger Lateinschule.

Dorfbeschilderung

Im Koldenbüttel steht ein »Schüttkoben«. Selbst der in Sachen Landwirtschaft eher unbedarfte Besucher aus der großen Stadt erkennt unschwer, es handelt sich bei diesem Pferch offensichtlich um eine Einrichtung zum (vorübergehenden) Einsperren von Vieh. Aber wieso heißt diese bewahrte Erinnerung an die eigene Vergangenheit »Schüttkoben«? Eine kleine Infotafel erläutert: *»Schüttkoben/Schüttkov. Hier wurde entlaufenes Vieh ›eingeschüttet‹ (eingepfercht), bis der rechtmäßige Besitzer es auslöste.«*

Wer durch Koldenbüttel spaziert, durch den Ort selbst und das umgebende Gemeindegebiet, entdeckt an typischen Landschaftspunkten, an Bauwerken, historischen Stätten und dergleichen insgesamt 17 Infotafeln, die kurz und klar erklären, was da jeweils zu sehen ist.

Zum Beispiel so: *»Warften. Ca. 800 Jahre alte Überreste der ehemaligen Siedlung Büttel, bestehend aus rund 25 Warften.«*

Und so: *»Saxfähre. Ehemaliger Fähranleger für Eiderüberquerung. 1611 Bau der Sielschleuse im Zuge der Freesenkoogeindeichung. 1969 zusätzlich als Schöpfwerk erweitert.«*

Verantwortlich für diese interessanten Kurztexte für die Dorfbeschilderung von Koldenbüttel zeichnet »Der Runde Tisch«.

»Der ist«, berichtet Bürgermeister Walter Clausen, *»eine ganz einfache und formlose Verbindung von plietschen Koldenbütt'lern. Er wird geleitet von Martha Nolte.* Wolfgang Müller ist Schriftführer.* Der ›Runde Tisch‹ trifft sich einmal monatlich, sucht sich seine Themen und Ideen aus dem Dorf und erarbeitet Vorschläge für die Gemeindevertretung.«*

* Stand: Oktober 2002.

Der Koldenbütteler Schüttkoben – genau erklärt

Bischofsstein und Große Mummel

Die Strecke von Koldenbüttel nach Schwabstedt sollte man sich gönnen. Eine Straße* durch die Treeneniederung, bis man bei Ramstedt wieder den höherliegenden Geestrand erreicht. Der Weg führt durch die Herrenhallig, wie's in Landkarten und auf Straßenschildern steht. Eine »richtige« Hallig ist die Herrenhallig seit »ewigen Zeiten« nicht mehr. Johannes von Schröder hat in der 2. Auflage seiner »Topographie des Herzogthums Schleswig« im Jahre 1854 geschrieben: *»Herrenhallig, Koog an der Treene. (...) Dieser Koog, welcher sehr häufig den Ueberschwemmungen der Treene ausgesetzt ist, ward 1570 eingedeicht.«*

Am Kanal vom Westerkoog zur Treene

Die Gelbe Teichrose, auch »Große Mummel« genannt

Eine Straßenbrücke über einen Kanal, der, aus der Moorgebiet des nahen Westerkoogs kommend, schnurgerade in Richtung Treene führt. Links und rechts der Brücke blühen jetzt im Juni im Wasser an den Uferrändern Bestände der wildwachsenden Gelben Teichrose, vielfach auch Große Mummel genannt. Die kräftig-gelben, vor dem Aufgehen kugelartigen Blüten stehen einzeln auf langen Stielen, die im Grunde verankert sind. Die zugehörigen dunkelgrünen

* Kreisstraße K 22

Nach Henning Oldekop wurden dem Bischof am 3. September 1619 als Ausgleich für durch Überschwemmungen verlorenes Land Gebiete auf der Herrenhallig (westlich vom Ramstedt) durch eine Kommission zuerkannt. Zitat Oldekop** im Jahre 1906: *»Zwei damals gesetzte Granitsteine, worauf zwei gekreuzte Schlüssel und ein Wappen sichtbar, stehen noch dort auf der Grenze zwischen den Kirchspielen Schwabstedt und Koldenbüttel.«*
In schwachen Konturen lassen sich Schlüssel und Wappen noch immer erkennen.

**In »Topographie des Herzogtums Schleswig«; 1906

Der Bischofstein

Blätter liegen – wie es Teichrosenart ist – schwimmend auf dem Wasser.
Weiter die Straße entlang, Richtung Ramstedt. Rechts am Straßenrand ein hoher, fast stelenartiger Granit-Grenzstein. Daneben eine kleine Tafel mit diesem Text: *»Bischofsstein ist ein Grenzstein des früheren Stiftes Schwabstedt, das dem letzten weltlichen Bischof, ›UHZSH‹ = Ulrich Herzog zu Schleswig-Holstein (1602–1624) unterstand. Der Stein steht unter Denkmalschutz.«*

Ein Künstlerpaar

Der hohe Himmel, die klare Weite, die Schönheit unverfälschter Natur, das besondere Licht der von der See und den Watten reflektierten Sonne, die kraftvolle Wolkenbildung, sind einige der Gründe, warum bildende Künstler von den Inseln, den Halligen, von der Halbinsel Eiderstedt, von der Küste insgesamt geradezu »angezogen« werden. Viele haben sich hier dauerhaft niedergelassen.

Wie das Künstlerpaar Raimund Behrend und Ulla Knütel. 1995 sind die beiden Maler von Hamburg nach Oldenswort gezogen. Raimund Behrend hat von Kindheit an die Landschaft der Inseln und Halligen an der Nordseeküste geliebt. Seine großformatigen Ölpastelle reflektieren das. Seine »Bilder der Küste« sind eine Hommage an diese Landschaft. Die Bilder Raimund Behrends sind absolut unverwechselbar, von großer, beeindruckender Aussagekraft. Die Formen sind streng, stilisiert realistisch. Und dennoch sind diese Bilder von einer sehr spezifischen »emotionalen Weichheit«. Die Seele, das Gemüt werden angerührt. Im Sinne einer stillen Sehnsucht nach einer Welt, in der der Mensch im Einklang mit der Natur leben kann. Natur der unberührten Schönheit.

Ulla Knütel kommt von der Fotografie: Werbung, Portrait, Reportage, Dokumentation. *»Ich habe durch die Fotografie sehen gelernt«*, sagt sie. Inzwischen ist sie als freie Malerin ebenso erfolgreich. Sie experimentiert gern, wechselt Stilrichtungen und arbeitet mit unterschiedlichen Materialien, da sie sich nicht einengen mag. Trotz der wechselnden Vielseitigkeit ihrer Bilder - ob realistisch oder abstrakt, ob Landschaft oder Mensch: Die künstlerische »Handschrift« der Malerin Ulla Knütel schaut allemal heraus.

Kontakt: Raimund Behrend/Ulla Knütel
25870 Oldenswort, Ottenschölstr. 7,
Tel. 04864-10300.

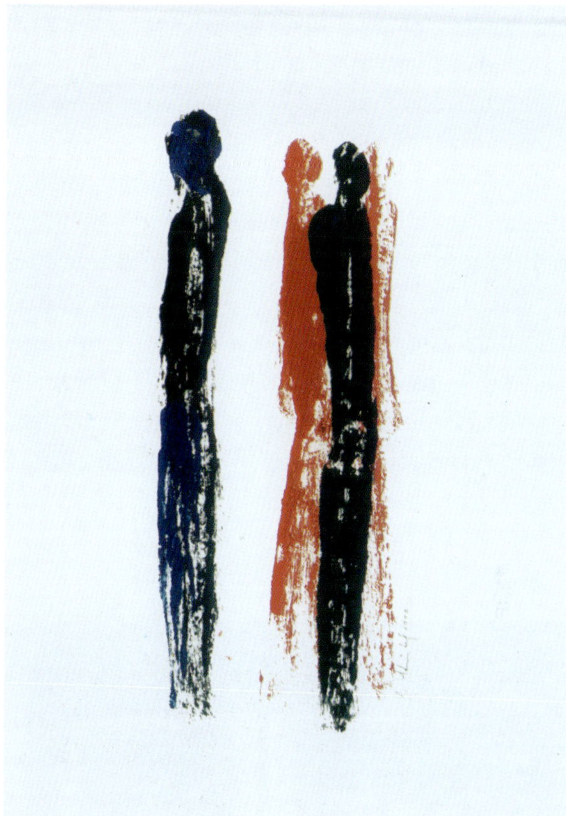

Ulla Knütel: Figuration 2002

Alle Aufnahmen: Foto-Oppermann, Garding

Raimund Behrend: Hallig 2002 (links) und St. Peter 2002 (unten)

Historischer Hafen

Ein mächtiges, 77 Meter langes und 13 Meter breites Packhaus aus dem Jahre 1783, davor ein englischer 4,5-Tonnen-Handkran von 1834, ein paar Schritte weiter eine an Land gesetzte, ausgediente Eider-Leuchttonne, gegenüber gepflegte, um die 200 Jahre alte Häuser mit Schweifgiebeln und schönen Türen – das sind nur einige der historischen »Exponate« am Hafen Tönning. Am »Historischen Hafen Tönning«, wie auf Hinweistafeln zu lesen ist. Durchaus korrekt. Tönnings kleiner, schmaler, von allen Seiten gut überschaubarer Binnenhafen wurde, abzweigend von der Eider, im Jahre 1613 »aus-

Der Tönninger Binnenhafen (oben) mit dem historischen Handkran (rechts oben) und einer an Land gesetzten Leuchttonne (rechts)

Stilgerecht: Fenster am Hafen

gehoben«. Ist also Menschenwerk, kein Naturhafen.

»Große« Zeiten hat der Hafen erlebt. Damals, als der »Schleswig-Holstein-Kanal« (auch Eiderkanal genannt) als erste wirklich schiffbare Verbindung zwischen Nord- und Ostsee hier seinen Anfangspunkt hatte. Ab 1846 war Tönning einige Jahrzehnte lang neben Husum Hauptausfuhrhafen für Schlachtvieh nach England. Die »Tönninger Dampfschiffahrts-Gesellschaft« war an diesem Geschäft wesentlich beteiligt.

Blick von der Bootswerft Dawarts auf den Tönninger Binnenhafen

Heute geht es ruhiger zu. Ein paar Kutter, ein Ausflugsschiffchen, Sportboote bestimmen zumeist das Bild im Hafen. Und die kleine Schiffswerft Dawarts, wo gerade ein Kutter zwecks Wartung und Reparatur aufgeslipt wurde. Auch diese - noch immer aktive - Werft ist »historisch«. Bereits im Jahre 1740 erhielt die Werft am Tönninger Hafen die Konzession.

Schafe in Einzelabfertigung

Schafe gehören zu Nordfriesland wie Wolken zum Himmel. Auch wenn es durch amtlich verordnete Nutzungseinschränkungen auf Deichen und im Vorland nicht mehr ganz so viele sind wie früher. Leider.

Auch Schafe müssen von Zeit zu Zeit begutachtet, überprüft, behandelt, gepflegt werden. Einzeln, Tier für Tier. So etwas ist nicht einfach, Schafe sind schließlich Herdentiere und »halten

Schäfchenzählen?
Schäfchenzählen!

zusammen«. Die Schäfer haben dafür spezielle Gatter. Da ist für die Schafe dann nur Einzelzutritt und -durchgang möglich. Nach dem Motto: Nur nicht drängeln, hier wird jedes Schaf versorgt, aber eben in Einzelabfertigung. Nach der Behandlung winkt am Gatterende wieder die (fast) grenzenlose Schaf-Freiheit.

Für den Gast aus der Großstadt ist eine solche Schafprozedur ein Seh-Erlebnis.

Tetenbüll und das Haus Peters

Tetenbüll im alten Dorfkern ist ein stilles, feines Idyll. Vor allem dadurch, daß die meisten Häuser rund um die St. Anna-Kirche in ihrer überkommenen Form liebevoll gepflegt und bewahrt wurden. Lärmender Durchgangsverkehr findet auch nicht statt.

Die Kirche, ein imponierender Backsteinbau der Spätgotik, ist zumeist geöffnet. Besuch empfohlen. Zur stillen Einkehr oder Besichtigung. Oder beides. Der Schnitzaltar von 1523, die Kanzel von 1575, die Emporengemälde von 1654 und die Abendmahlsbänke sind nur einige der Teile der großartigen Kirchenausstattung.

Haus Peters in Tetenbüll –
das muß man gesehen haben!

Sodann ist der Besuch des Hauses Peters, der Kirche gleich gegenüber, in der Dörpstraat 16, fest eingeplant. Brigitta Seidel vom Förderverein hat Haus Peters für dieses Buch so beschrieben:

»Das Haus Peters beherbergt einen ehemaligen Kolonialwarenladen aus dem Jahre 1820. Es ist ein Museum ganz besonderer Art mit dem historischen Laden, der auch heute noch als Verkaufsraum für zahlreiche Produkte dient, mit Galerie und wechselnden Ausstellungen. Besondere Aufmerksamkeit gebührt dem ›Horst Janssen Zimmer‹ in der Giebelstube mit der ›Eiderland-Mappe‹ und dem ›Janssenhof‹ sowie

dem Bauerngarten mit seinen für die Region typischen Stauden und Sommerblumen. In den übrigen Räumen des Hauses finden Sonderausstellungen zu Gegenwartskunst und Kulturgeschichte statt.

Der historische Kaufmannsladen mit gut restaurierten Einrichtung ist die wohl älteste, an ihrem Ursprungsort erhaltene, ländliche Hökerei in Schleswig-Holstein. Das Haus der Familie Peters, gebaut um 1760 und von etwa 1850 bis 1955 Wohntrakt eines ehemaligen Haubargs, stellt ein wichtiges kulturhistorisches Baudenkmal dar, das Zeugnis gibt vom dörflichen Leben im 18. und 19. Jahrhundert. Neben der original biedermeierlichen Ladenausstattung besitzen auch Küche und Stube weitgehend das gründerzeitliche Mobiliar der ehemaligen Hausbesitzer. Der Besucher hat hier die seltene Gelegenheit, Wohnen und Arbeiten im Umfeld von Dorf und Landschaft, dem Einzugsgebiet der ehemaligen Kundschaft des Ladens, zu erleben.«

Haus Peters ist geöffnet Dienstag–Sonntag 14–18 Uhr; Gruppen und Führungen nach Vereinbarung. Im Februar geschlossen. Freier Eintritt.

Eiderstedts Hauptstadt

Blick über die Süderbootfahrt auf Garding

Die Tönninger mögen verzeihen - aber Eiderstedts Hauptstadt ist Garding. Nicht, weil das gemütliche Städtchen besonders groß ist. Mit 2736 Einwohnern* hält sich die Größe in angenehm überschaubaren Grenzen. Auch amtlich-offiziell wird Garding nicht als Hauptstadt bezeichnet. Schließlich ist man weder Kreisstadt noch gar Landeshauptstadt.

Aber Garding war schon immer und ist noch heute Eiderstedts Mittelpunkt, das Zentrum. »Alle Eiderstedter Straßen führen nach Garding«, hat ein Gardinger gesagt. Was in etwa stimmt. Keine Kirche im Eiderstedter Land steht höher als die Gardinger. Weil der schmale Geestrücken in der Mitte der Halbinsel just dort, wo die Kirche anno 1109 erstmals errichtet wurde, ihren höchsten Punkt hat. Früher hatte Garding sogar einen Hafen. Damals, als die Süderbootfahrt, ein schmaler, schiffbarer Kanal, Stadt Garding mit der Eider und folglich mit der Nordsee verband. 1612 soll Baubeginn für diesen Kanal gewesen sein. An Gardinger Schiffahrtszeiten erinnert ein »Hafenplatz«. Die Süderbootfahrt gibt es noch - ohne Schiffe. Der Blick von Hülkenbüll aus, den verträumten Kanal entlang auf Garding, hat Flair, der romantisch-nostalgischen Art.

Kurzum: Auch wenn Garding überwiegend auf Geestboden steht, statt auf Eiderstedt-typischem Marschland - der Ort ist in jeder Weise mit der Landschaft verwoben, verwachsen, verzahnt. Ein Landstädtchen im besten Sinne dieses Wortes. Eiderstedts Hauptstadt eben. Mit Stadtrecht seit 1590!

* Stand: 31.12.2001.

Wochenmarkt – seit 400 Jahren

Dienstags ist Wochenmarkt in Garding. Und das seit über 400 Jahren. M. Anton Heimreich berichtet in seiner berühmten »Nordfresischen Chronik«:* *»Und ist erstmals 1580 der Markt allemal auf den Dienstag zur Gardingen zu halten angeordnet...«*. Der anonyme Verfasser** des 1795 erschienenen Buches »Versuch einer Beschreibung von Eiderstädt« gab Kunde von einem speziellen Dienstags-Wochenmarkt: *»Kälberdienstag, derjenige Wochenmarkt in Garding welcher unmittelbar vor oder nach dem 12ten May einfällt; an welchem die Dienstboten, die dann ihre neuen Dienste antreten, vorzüglich einzukaufen pflegen.«*

In Garding gehen Straßen tatsächlich »bergauf«!

Gäbe es sie denn noch, die Knechte, Mägde und das andere Gesinde, sie könnten ihren Bedarf auf dem Gardinger Wochenmarkt wie vor 200 Jahren decken. Werden hier doch an den Verkaufsständen jeden Dienstagvormittag neben Obst, Gemüse, Blumen und Lebensmitteln in farbenfrohem Kunterbunt auch Arbeitshemden und Blusen, Schals und Kopftücher, Jacken und Stoffe, Gürtel und Hosenträger angeboten. Ebenfalls Broschen und Halsketten – der preisgünstigen Klasse.
Die ehrwürdige St. Christians-Kirche, unmittelbar daneben, schaut sozusagen herab auf das lebensvolle und doch gemütlich kleinstädtische Markttreiben. Ein Besuch lohnt immer.

* Zitat aus: »M. Anton Heimreichs Nordfresische Chronik«, 2. Auflage 1668. In der Neuausgabe (erster Teil) von Dr. N. Falck; 1819.

** Dabei handelt es sich um Friedrich Volkmar, weiland Rektor der Lateinschule in Garding.

Rettungsbake

Auf Eiderstedt, ganz »vorne«, im Westen, dort, wo das Land zu Ende ist und die Nordsee beginnt: Westerheversand – die ausgedehnte Sandbank vor Westerhever. Bis zu mittleren Hochwasserständen nicht überflutet, begehbar, erwanderbar. Und im Sommer ein geradezu unendlicher Sandstrand der etwas festeren Art.

Der Blick zurück. Dort hinten in der Ferne, das ist die Deichlinie von Westerhever, ausgeleuchtet von einem Sonnenstrahl, der sich durch die Wolkendecke mogelt.

Voraus die Rettungsbake. Für alle Fälle! Für jene, die bei Ebbe hinausgehen und trotz angekündigter Hochflut nicht rechtzeitig den Rückweg antreten. Auch für jene, die von dichtem Nebel überrascht werden. Erst recht für jene, die im Sturm auf oder vor der Sandbank Schiffbruch erleiden.

Die Rettungsbake mahnt: »Unterschätzt die Nordsee nicht!«

Eiderstedter Haubarg

Rettungsbake

Eiderstedts Haubarge

Eiderstedt - Schleswig-Holsteins markanteste, bekannteste Halbinsel, Landschaft mit eigener Geschichte, mit noch immer bewußt gepflegter eigener Identität. Eiderstedt, Land der historischen Kirchen, der Fennen,* der offenen Weite, des besonderen, des »hellen Eiderstedter Lichts« über Watt und Marsch. Und der Haubarge. Jener Eiderstedt-typischen Bauernhäuser von geradezu pyramidenartiger Gestalt, mit mächtigem, hochaufragendem Dach. Den Dachstuhl tragen vier, sechs oder auch acht - je nach Größe des Hauses - massive Eichenständer, die - durch Längs- und Querbalken verbunden - den sogenannten »Vierkant« bilden. Um diesen hohen (ehemaligen) Stapelraum für Heu, Stroh und Korngarben liegen die Tenne (auf Eiderstedt: »Loo«) und die Ställe, die zusammen das »Achterhus« bilden. Im »Vörhus« (= das Vorderhaus) befindet sich der Wohnteil. Haubarge sind also »Ein-Haus-Gehöfte«, das heißt, Wohn- und Wirtschaftsräume des Bauernhofes sind unter einem Dach vereinigt.

Das Konstruktionsprinzip des Haubarges haben - spätestens zu Beginn des 17. Jahrhunderts - Zuwanderer aus dem holländischen Westfriesland nach Eiderstedt gebracht. Im 18. Jahrhundert wurden besonders viele Haubarge gebaut. Damals zählte man auf Eiderstedt etwa 400 dieser eindrucksvollen bäuerlichen Großbauten.

* Fenne: ein durch Gräben eingehegtes Stück Marschland.

Die Zeit einer vollständig landwirtschaftlichen (und wirtschaftlich sinnvollen) Nutzung dieser Bauten ist vorbei. Haubarge haben sich eigentlich »überlebt«. Die hohen Kosten für Baupflege und -erhaltung machen es den Eigentümern schwer, die Haubarge zu bewahren. Umso erfreulicher, daß manche Haubarge in den letzten Jahren renoviert und restauriert wurden. Wenn auch vielfach für andere Nutzungsformen - von Ferienwohnungen bis zur Kunstgalerie.

Der Tofthof, auch ein Haubarg

Eiderstedter Haubarg

Tofthof

Der Haubarg »Tofthof« in Westerhever ist eine Besonderheit. Nicht, weil er größer, schöner oder älter ist als andere Haubarge. Sondern, weil er – was selten geworden ist – nach wie vor landwirtschaftlich bewirtschaftet wird, im Vollerwerb. Von der Familie Alberts. Und das seit 1860. In jenem Jahr hat ein Alberts geheiratet, sein Vater kaufte ihm den Haubarg. Der ist folglich älter. Wie alt genau, weiß man nicht. *»Urkunden darüber gibt es leider nicht«*, sagt Martin Alberts, heutiger Senior auf dem Hof. Vermutlich datiert das imposante Reetdachhaus aus dem 18. Jahrhundert, der Blütezeit des Haubargbauens. Ursprünglich war Haubarg »Tofthof« kleiner, hatte vier Ständer. Erweitert wurde in den Jahren nach 1860 dann auf sechs Ständer, die heutige Größe. Karsten Alberts, Sohn von Vater Martin und parktizierender Landwirt, beklagt die schwierige wirtschaftliche Situation der Landwirtschaft: *»Die Kosten steigen, die Erlöse sinken.«* Auch die Alberts setzen daher im Nebenerwerb auf Fremdenverkehr. Direkt neben ihrem Haubarg steht auf großem Grundstück »Der kleine Tofthof«, ein Reetdachhäuschen von 70 Quadratmetern, komfortabel eingerichtet. Ein schönes Domizil für Feriengäste. Und ein Erlebnis für Kinder. Denn – wie gesagt – Haubarg »Tofthof« ist ein aktiver Bauernhof. Mit allem, was dazugehört, einschließlich zweier neugieriger Ziegen.

Anschrift: Familie Alberts, Tofthof
25881 Westerhever. Telefon 04865-372.

Karsten Alberts und die Ziegen vom Tofthof

Der Bernstein von St. Peter

Ein Diamant besteht - chemisch betrachtet - zu 100 Prozent aus Kohlenstoff. Der Kohlenstoffanteil von Bernstein beträgt im Mittel 79 Prozent. Das macht den Unterschied. Aber was ist ein teuer gekaufter, diamantener Edelsteinklunker gegen ein am Nordseestrand selbst gefundenes Stück Bernstein?

Die größte Chance, Bernstein zu finden, besteht nach Stürmen auf den Sandbänken vor St. Peter-Ording. Dort liegt er zwischen fossilem Holz und braunschwarzem Braunkohlegrus. Die Farbe des Bernsteins geht von hellgelb bis dunkelbraun. Der Fund großer »Brocken« ist selten, kleine und kleinste Stückchen sind die Regel. Egal, der Sammlerfreude tut's keinen Abbruch. Strandrecht hin oder her: Man darf seine Bernsteinfunde behalten. Das ist in St. Peter Gewohnheitsrecht, seit Jahrhunderten.

Wer mehr vom »Gold des Meeres« erfahren will, geht zu Boy Jöns, dem Bernsteinschleifer von St. Peter. Er läßt sich zu bestimmten Terminen bei der Arbeit über die Schulter schauen. Und erzählt in kurzweiligen Vorträgen alles über diesen faszinierenden, 50 Millionen Jahre alten Naturstoff, begehrt und gehandelt schon zur Bronzezeit. Wie, wann und wo Bernstein ent-

Der Bernsteinschleifer Boy Jöns und ein Brocken, wie ihn sich jeder Bernsteinsucher wenigstens einmal im Leben erträumt...

standen ist, wie, wo und wann er am Strand zu finden ist und vieles mehr läßt sich auch im Nordsee-Bernsteinmuseum anschaulich erfahren. Das Bernsteinmuseum, vom Inhaberehepaar Petra und Boy Jöns mit ebensoviel Liebe wie Sachverstand eingerichtet, wurde im Frühjahr 2001 eröffnet.

Termine und Öffnungszeiten erfragen:
Bernsteinschleiferei und Bernsteinmuseum Jöns, Dorfstraße 15, 25826 St. Peter-Ording (Ortsteil »Dorf«), Tel. 04863-5611.

125 Jahre Seebad: St. Peter-Ording

Im Jahre 2002 hat man in St. Peter-Ording Jubiläum gefeiert: 125 Jahre Seebad! Nordsee, das Meerwasser und die meersalzhaltige Luft sowie die etwa 14 Kilometer lange, weiße Sandbank als idealer Strand sind die natürlichen Vorzüge dieses attraktiven Kur-, Ferien- und Erholungsortes. Viele Gesundheits-, Wellness- und Beautyangebote. Events jede Menge. Flanier- und Einkaufsmeilen. Gastronomie von exquisit bis Fastfood.

Vom Wellenschlag

St. Peter-Ording:
Weite Sandbänke, gepflegte Strände,
und natürlich unbegrenzte Badefreuden!

»Dieser mittelstarke Wellenschlag in Sanct-Peter ist meiner Meinung nach einer der größten Vorzüge dieses Badeortes, indem dieses hierdurch zum Familienbade ›par excellence‹ wird. (...) Ein weiterer Vorzug ist der, daß der Wellenschlag an dem weitgestreckten Badestrande Sanct-Peters von verschiedener Stärke ist. Herren können sich Stellen mit stärkerem, Frauen und Kinder mit schwächerem Wellenschlage aussuchen, indem die sehr gefälligen Badewirte solchen Wünschen gern nach Möglichkeit nachkommen, und der völlig feste, glatte Sand das Fahren mit den Badekarren überall gestattet.«

(Aus: *»Nordseebad Sanct-Peter und Ording« von Dr. Scheby-Buch. Im Verlag H. Lührs & Dircks. 1895.)*

200.000 Urlauber und 500.000 Tagesgäste pro Jahr meldet der Tourismus-Service.* Eng wird's am Strand dennoch nicht. Denn die Sandbank ist nicht nur lang, lang, lang, sondern auch sehr breit, bis zu 1,5 Kilometer. Folglich gibt es reichlich Platz für jeden. Für Sandbanklieger, Strandkorbbesitzer, Küstenläufer. Für Nordseebader sowieso.

* Veröffentlicht in »Kieler Nachrichten«, Ausgabe vom 17. Juli 2002.

Markenzeichen

Markenzeichen:
Die St. Peter-Ordinger Pfahlbauten

Zum Bade- und Strandleben von St. Peter-Ording gehört eine besondere Ver- und Entsorgungslogistik. Wie da sind Restaurants, Toiletten, Stationen für Badeaufsicht und Rettungswesen. Bis zum Ort zurück wär's reichlich weit bei bis zu 1,5 Kilometer Sandbank plus Vorlandbreite. Also müssen genannte Einrichtungen auf der Sandbank vorgehalten werden. Kioske oder gar feste Bauten direkt auf die Sandbank zu stellen, ist unmöglich. Wenn nämlich die Flut von einem kräftigen Sturm auf die Küste gepeitscht wird, ist auch auf den Sandbänken vor St. Peter Land unter, zumal dann, wenn es gerade der Zeitpunkt einer Springtide ist.

Das Problem wurde gelöst. Durch fünfzehn mehrere Meter hohe Pfahlbauten, die sich jeweils im Dreierpack - Restaurant, Toilette, Badeaufsicht - auf die gesamte Strandlänge von den Ortsteilen Böhl bis Ording verteilen.
Diese an den schleswig-holsteinischen Küsten einmaligen »Bauten auf hohen Stelzen« wurden längst zu einem unverwechselbaren, weit bekannten Markenzeichen von St. Peter-Ording.

ARCHE NOAH

Höchst notwendige Schlußbemerkung

Der Autor - ein Kieler - hat für dieses Buch den Kreis Nordfriesland zwei Jahre lang besucht, zu allen Jahreszeiten, hat oft auch wochenlang »Station gemacht«. Er hat notiert und fotografiert, was ihm typisch erschien für Land und Leute, heute und gestern. Dazu gehören nicht nur touristische »Highlights«, sondern auch die »kleinen Dinge am Rande«. So hat sich - hoffentlich - ein informativ-unterhaltsames Kaleidoskop über diese vielfältige, schöne Region zusammengefügt.

Allerdings war Vollständigkeit weder möglich noch beabsichtigt. Problemlos könnten in gleicher Form weitere Bände über den Kreis Nordfriesland gestaltet werden - ohne sich zu wiederholen. Verlag und Autor bitten deshalb um Verständnis, wenn in diesem Buch (zwangsläufig) »etwas fehlt«.

Noch diese Anmerkung: Das Buch »Reisebilder Kreis Nordfriesland« ist im März 2003 in Druck gegangen. Eventuelle personelle Veränderungen durch die Ergebnisse der schleswig-holsteinischen Kommunalwahl im selben Monat konnten daher nicht mehr berücksichtigt werden. In der zweiten Auflage dieses Buches werden dann die »neuen Namen« genannt. Versprochen!

ANHANG

Orts- und Sachregister

M

N

O

P

R

Vom selben Autor lieferbar:

ISBN 3-86108-470-8

ISBN 3-86108-465-1

ISBN 3-86108-462-7

ISBN 3-86108-482-1

ISBN 3-86108-475-9

ISBN 3-86108-492-9

ISBN 3-86108-467-8

ISBN 3-86108-481-3

ISBN 3-86108-463-5

ISBN 3-86108-493-7

ISBN 3-86108-498-8

ISBN 3-86108-900-9

ISBN 3-86108-905-X

ISBN 3-86108-907-6

In Vorbereitung: Kreis Ostholstein

Alle Bände in Hardcover, Fadenheftung, durchgängig vierfarbig, ca. 192 Seiten, 20.90 €

Kreis Nordfriesland